RESIDENCE

ON

EARTH

Residencia

en   la

tierra

Also by Pablo Neruda
Available from New Directions

THE CAPTAIN'S VERSES (BILINGUAL)

PABLO NERUDA

RESIDENCE

ON

EARTH

Residencia

en la tierra

Introduction by JIM HARRISON

Translated by DONALD D. WALSH

A NEW DIRECTIONS BOOK

Copyright © Editorial Losada, S.A., Buenos Aires, 1958, 1961, 1962
Copyright © 1973 by Pablo Neruda and Donald D. Walsh
Copyright © 1973 by New Directions Publishing Corporation
Copyright © 2004 by Jim Harrison

In 1946, New Directions first published *Residence on Earth and Other Poems*, which included parts of the first two volumes of *Residencia en la tierra*, with translations by Angel Flores. The complete edition of *Residence on Earth*, translated by Donald D. Walsh, was published clothbound and as New Directions Paperbook 340 in 1973. This edition, with a new introduction by Jim Harrison, is now reissued as NDP992 in 2004.

Manufactured in the United States of America
New Directions Books are printed on acid-free paper.
Published simultaneously in Canada by Penguin Books Canada Limited

Library of Congress Cataloging-in-Publication Data

Neruda, Pablo, 1904-1973.
[Residencia en la tierra. English & Spanish]
Residence on Earth / Pablo Neruda ; introduction by Jim Harrison ; translated by Donald D. Walsh.
    p. cm. – (New Directions Paperbook 992)
Includes index.
ISBN 0-8112-1581-4 (alk. paper)
I. Walsh, Donald Devenish, 1903-1980 II. Title.
PQ8097.N4R413 2004
861'.62—dc22
                              2003028143

New Directions Books are published for James Laughlin
by New Directions Publishing Corporation
80 Eighth Avenue, New York, NY 10011

CONTENTS

INTRODUCTION

by JIM HARRISON

Genius always leaves us wishing the meal could continue. Why didn't that layabout Shakespeare produce twice as much? How grand it could have been if Dostoevsky had written a novel about what happened after he died. We were severely cheated when Caravaggio and Mozart fled earth so early in their lives.

Neruda achieved his full dimensions if any poet did. He led a whole life both publicly and privately. It is boggling to read his *Memoirs* and try to map his exterior and interior voyages, from the rawest perils to the Stockholm ceremony that reminded him oddly of a school graduation, to his transcendent Buenos Aires "poetry slam" with Federico García Lorca which will raise the hairs on your body as if they are throwing off infinitesimal lightning bolts. That evening both poets stood athwart poetry's third rail.

I lost my first copy of Neruda's *Residence on Earth* in Key West in the mid-seventies. I left it in one of a dozen possible bars on a verminish hot night during May tarpon season with the air dense with flowers, overflowing garbage cans, the low tide deliquescing crustaceans, and where, while swimming before dawn off a pier, the moonlight illumined a fatal shark whose face looked like a battered Volkswagen. I retraced my steps the next day but found nothing. I had underlined too much of the book anyway.

At that time back in the twentieth century I was addicted

to Spanish speaking poets such as Neruda, Vallejo, Hernández, Lorca, Parra, Paz, whenever I could find translations, but also Yesenin, Rilke, and Yeats. What a sacred mishmash. In northern Michigan I was far from a good library but my brother John was a librarian first at Harvard and then at Yale at the time and could send me anything. Naturally I read our own poetry on both sides of the farcical Beat-academic sawhorse, and all of those poets in the Midwestern middle like myself, but then nationalism in literature is stifling indeed as are our varying fads of poetry. Earlier in my life it was fashionable to spend your life and career not being particularly enthused about anything, and now there is an affectation of artless sincerity where after the high adventure of graduate school poets settle down in a domestic trance. On my rare visits to colleges and universities I keep expecting to see men carrying caskets out of the welter of brown brick buildings. Of course any poet is semi-blind to the ocean of trivialities he swims through and basks in like a nurse shark, the important magazine publications, the books and chapbooks, the readings, the awards, the miniature parades he organizes for himself in the backyard among the flowerbeds and housepets, and then finally on nearing the empty pantry of death he sees clearly the formidable odds against any of his poems surviving. This is all to create the atmosphere in which I continue to read Neruda.

• • •

It's important to offer here what constitutes Neruda's credo:

SOME THOUGHTS ON IMPURE POETRY

It is worth one's while, at certain hours of the day or night, to scrutinize useful objects in repose: wheels that have rolled across long, dusty distances with their enormous loads of crops or ore, charcoal sacks, barrels, baskets, the hafts and handles of carpenter's tools. The contact these objects have had with man and earth may serve as a valuable lesson to a tortured lyric poet. Worn surfaces, the wear inflicted by human hands, the sometimes tragic, always pathetic, emanations from these objects give reality a magnetism that should not be scorned.

Man's nebulous impurity can be perceived in them: the affinity for groups, the use and obsolescence of materials, the mark of a hand or a foot, the constancy of the human presence that permeates every surface.

This is the poetry we are seeking, corroded, as if by acid, by the labors of man's hand, pervaded by sweat and smoke, reeking of urine and of lilies soiled by diverse professions in and outside the law.

A poetry as impure as a suit or a body, a poetry stained by food and shame, a poetry with wrinkles, observations, dreams, waking, prophecies, declarations of love and hatred, beasts, blows, idylls, manifestos, denials, doubts, affirmations, taxes.

The sacred law of the madrigal and the decrees of touch, smell, taste, sight, and hearing, the desire for justice and sexual desire, the sound of the ocean, nothing deliberately excluded, a plunge into unplumbed depths in an excess of ungovernable love. And the poetic product will be stamped with digital doves, with the scars of teeth and ice, a poetry slightly consumed by sweat and war. Until one achieves a surface worn as smooth as a constantly played instrument, the hard softness of rubbed wood, or arrogant iron. Flowers, wheat, and water also have that special consistency, the same tactile majesty.

But we must not overlook melancholy, the sentimentalism of another age, the perfect impure fruit whose marvels have been cast aside by the mania for pedantry: moonlight, the swan at dusk, "my beloved," are, beyond question, the elemental and essential matter of poetry. He who would flee from bad taste is riding for a fall.

(translated by Margaret Sayers Peden)

How is an ordinary mortal to look at this statement? I am reminded that at the Hard Luck Ranch on the Mexican border where I have a little studio, a number of cows died of thirst several years ago in clear sight of Lake Patagonia across the fence. Neruda ran through every fence he encountered except Stalinism over which he tripped grotesquely. But earlier in his life, in his twenties, when he began *Residence on Earth* he was trapped in a variety of minor consular posts in the misery of Rangoon and Burma and other remote outposts. It is lucky for us that he hadn't been dispatched to a place he would have loved like Paris. He was lonely well beyond desperation but with an energetic anguish that sent him on the inner voyage of *Residence on Earth.* There was no ballast for him except the next part of this long poem. In every line you trace with great difficulty the bruised consciousness that produced it because unlike most poetry it proceeds from the inner to the world outside the poet.

Of course I'm not an astute critic. Perhaps *Residence on Earth* is one of those very rare poems you must drown in. You don't understand it in discursive terms, you experience it. To read *Residence on Earth* is to take a long exhausting swim across the Mindanao trench, which is said to be the deepest part of the world's oceans. In other words, the territory could not be less reassuring or secure. For me the poem is the most palatable and grand of all work immersed in surrealism, lacking as it does the French hauteur of intellect. It always returns to earth.

Once, in my thirties, I thought I had invented a brilliant definition of metaphor but then I misplaced it and decided recently that nothing is worth searching the contents of seventy cartons of papers. Boris Pasternak inferred that metaphor is the shorthand of the gods, those who with overfull mental plates must move in leaps rather than walk like other mortals. When midway through *Residence on Earth* you read "Ode to Federico García Lorca," you are startled to discover that it was written a year before Lorca's execution because the metaphors so perfectly illumine and presage Lorca's death. In the past century there is no poet so profligate and exquisite in the realm of metaphor than Neruda. Neruda haunts our bodies on an actual earth with the same power that Rilke haunts the more solitary aspects of our minds. Rilke holds no one's hand while Neruda, like his idol Walt Whitman, attempts to hold everyone's.

There is a troubling matter when we re-read Neruda's apologia in "Some Thoughts on Impure Poetry." In my own lifetime our country had reversed the quotient of seventy percent rural and thirty percent urban. In an interview with Robert Bly in the 1960's, Neruda joked, "Perhaps I am a foolish writer of nature like your Henry David Thoreau." In recent years I have noticed that two Buddhist magazines I read have largely abandoned their traditional dependence on the language of nature in favor of nounless abstractions. It is less pronounced but I have also noticed this in the language of poetry in my own lifetime. I recall as a teenager in reading Robert Graves' *White Goddess* how young poets under the tutelage of a female Ollave, a witch of poetry, would learn all the names of trees, plants, flowers, birds, and animals. Once in reaction to the anemic MFA programs I've come in contact with, and while being banally prescriptive in the manner of northern Midwesterners, I conceived of a program where poets would work for a year in the country, then a year in the city, all the while keeping journals and studying the perhaps three hundred central texts of world poetry, and after that a third year at the university. Our bifurcated and predatory culture crushes and strains the economically non-viable language of earth from our lives. In contrast, Neruda, in his monumental *Residence on Earth*, superbly and sincerely translated by Donald Walsh, tells us to break down all barriers of language, that there are no poetic subjects per se, and that we aren't romantic soloists on this sky island of earth.

For more years than I clearly remember I have had photos of Faulkner, Dostoevsky, Whitman's tomb, Rimbaud, and the stunning Jill Krementz photo of Neruda holding an immense chambered nautilus on the wall of my home studio. They belong together.

Jim Harrison
January 6, 2004

RESIDENCE I 1925-31
(Residencia I)

I

GALOPE MUERTO

Como cenizas, como mares poblándose,
en la sumergida lentitud, en lo informe,
o como se oyen desde el alto de los caminos
cruzar las campanadas en cruz,
teniendo ese sonido ya aparte del metal,
confuso, pesando, haciéndose polvo
en el mismo molino de las formas demasiado lejos,
o recordadas o no vistas,
y el perfume de las ciruelas que rodando a tierra
se pudren en el tiempo, infinitamente verdes.

Aquello todo tan rápido, tan viviente,
inmóvil sin embargo, como la polea loca en sí misma,
esas ruedas de los motores, en fin.
Existiendo como las puntadas secas en las costuras del árbol,
callado, por alrededor, de tal modo,
mezclando todos los limbos sus colas.
Es que de dónde, por dónde, en qué orilla?
El rodeo constante, incierto, tan mudo,
como las lilas alrededor del convento
o la llegada de la muerte a la lengua del buey
que cae a tumbos, guardabajo, y cuyos cuernos
        quieren sonar.

Por eso, en lo inmóvil, deteniéndose, percibir,
entonces, como aleteo inmenso, encima,

DEAD GALLOP

Like ashes, like seas peopling themselves,
in the submerged slowness, in the shapelessness,
or as one hears from the crest of the roads
the crossed bells crossing,
having that sound now sundered from the metal,
confused, ponderous, turning to dust
in the very milling of the too distant forms,
either remembered or not seen,
and the perfume of the plums that rolling on the ground
rot in time, infinitely green.

All that so swift, so living,
yet motionless, like the pulley wild within itself,
those motor wheels in short.
Existing like the dry stitches in the tree's seams,
silent, all around, in such a way,
all the limbs mixing their tails.
But from where, through where, on what shore?
The constant, uncertain surrounding, so silent,
like the lilacs around the convent
or death's coming to the tongue of the ox
that stumbles to the ground, guard down, with horns that
     struggle to blow.

Therefore, in the stillness, stopping, to perceive,
then, like an immense fluttering, above,

como abejas muertas o números,
ay, lo que mi corazón pálido no puede abarcar,
en multitudes, en lágrimas saliendo apenas,
y esfuerzos humanos, tormentas,
acciones negras descubiertas de repente
como hielos, desorden vasto,
oceánico, para mí que entro cantando,
como con una espada entre indefensos.

Ahora bien, de qué está hecho ese surgir de palomas
que hay entre la noche y el tiempo, como una barranca húmeda?
Ese sonido ya tan largo
que cae listando de piedras los caminos,
más bien, cuando sólo una hora
crece de improviso, extendiéndose sin tregua.

Adentro del anillo del verano
una vez los grandes zapallos escuchan,
estirando sus plantas conmovedoras,
de eso, de lo que solicitándose mucho,
de lo lleno, oscuros de pesadas gotas.

like dead bees or numbers,
ah, what my pale heart cannot embrace,
in multitudes, in tears scarcely shed,
and human efforts, anguish,
black deeds suddenly discovered
like ice, vast disorder,
oceanic, to me who enter singing,
as if with a sword among the defenseless.

Well now, what is it made of, that upsurge of doves
that exists between night and time, like a moist ravine?
That sound so prolonged now
that falls lining the roads with stones,
or rather, when only an hour
grows suddenly, stretching without pause.

Within the ring of summer
the great calabash trees once listen,
stretching out their pity-laden plants,
it is made of that, of what with much wooing,
of the fullness, dark with heavy drops.

ALIANZA (SONATA)

De miradas polvorientas caídas al suelo
o de hojas sin sonido y sepultándose.
De metales sin luz, con el vacío,
con la ausencia del día muerto de golpe.
En lo alto de las manos el deslumbrar de mariposas,
el arrancar de mariposas cuya luz no tiene término.

Tú guardabas la estela de luz, de seres rotos
que el sol abandonado, atardeciendo, arroja a las iglesias.
Teñida con miradas, con objeto de abejas,
tu material de inesperada llama huyendo
precede y sigue al día y a su familia de oro.

Los días acechando cruzan en sigilo
pero caen dentro de tu voz de luz.
Oh dueña del amor, en tu descanso
fundé mi sueño, mi actitud callada.

Con tu cuerpo de número tímido, extendido de pronto
hasta las cantidades que definen la tierra,
detrás de la pelea de los días blancos de espacio
y fríos de muertes lentas y estímulos marchitos,
siento arder tu regazo y transitar tus besos
haciendo golondrinas frescas en mi sueño.

A veces el destino de tus lágrimas asciende
como la edad hasta mi frente, allí
están golpeando las olas, destruyéndose de muerte:
su movimiento es húmedo, decaído, final.

ALLIANCE (SONATA)

Of dusty glances fallen to the ground
or of soundless leaves burying themselves.
Of metals without light, with the emptiness,
with the absence of the suddenly dead day.
At the tip of the hands the dazzlement of butterflies,
the upflight of butterflies whose light has no end.

You kept the trail of light, of broken beings
that the abandoned sun, sinking, casts at the churches.
Stained with glances, dealing with bees,
your substance fleeing from unexpected flame
precedes and follows the day and its family of gold.

The spying days cross in secret
but they fall within your voice of light.
Oh mistress of love, in your rest
I established my dream, my silent attitude.

With your body of timid number, suddenly extended
to the quantities that define the earth,
behind the struggle of the days white with space
and cold with slow deaths and withered stimuli,
I feel your lap burn and your kisses travel
shaping fresh swallows in my sleep.

At times the destiny of your tears ascends
like age to my forehead, there
the waves are crashing, smashing themselves to death:
their movement is moist, drifting, ultimate.

CABALLO DE LOS SUEÑOS

Innecesario, viéndome en los espejos,
con un gusto a semanas, a biógrafos, a papeles,
arranco de mi corazón al capitán del infierno,
establezco cláusulas indefinidamente tristes.

Vago de un punto a otro, absorbo ilusiones,
converso con los sastres en sus nidos:
ellos, a menudo, con voz fatal y fría
cantan y hacen huir los maleficios.

Hay un país extenso en el cielo
con las supersticiosas alfombras del arco iris
y con vegetaciones vesperales:
hacia allí me dirijo, no sin cierta fatiga,
pisando una tierra removida de sepulcros un tanto frescos,
yo sueño entre esas plantas de legumbre confusa.

Paso entre documentos disfrutados, entre orígenes,
vestido como un ser original y abatido:
amo la miel gastada del respeto,
el dulce catecismo entre cuyas hojas
duermen violetas envejecidas, desvanecidas,
y las escobas, conmovedoras de auxilios,
en su apariencia hay, sin duda, pesadumbre y certeza.
Yo destruyo la rosa que silba y la ansiedad raptora:
yo rompo extremos queridos: y aún más,
aguardo el tiempo uniforme, sin medidas:
un sabor que tengo en el alma me deprime.

Qué día ha sobrevenido ! Qué espesa luz de leche,
compacta, digital, me favorece !
He oído relinchar su rojo caballo
desnudo, sin herraduras y radiante.
Atravieso con él sobre las iglesias,

DREAM HORSE

Unnecessary, seeing myself in mirrors,
with a fondness for weeks, biographers, papers,
I tear from my heart the captain of hell,
I establish clauses indefinitely sad.

I wander from one point to another, I absorb illusions,
I converse with tailorbirds in their nests:
they, frequently, with cold and fatal voices
sing and put to flight the maledictions.

There is an extensive country in the sky
with the superstitious carpets of the rainbow
and with vesperal vegetation;
toward there I journey, not without a certain fatigue,
treading an earth disturbed by rather fresh tombs,
I dream among those plants of tangled vegetation.

I pass among used papers, among origins,
dressed like an original and dejected being:
I love the wasted honey of respect,
the gentle catechism among whose leaves
sleep aged, faded violets,
and the brooms, pathetically eager to assist,
in their appearance there are, no doubt, sorrow and certainty.
I destroy the whistling rose and the ravishing worry:
I break beloved extremes; and even more,
I await uniform, measureless time:
a taste that I have in my heart depresses me.

What a day has arrived! What a thick light of milk,
compact, digital, indulges me!
I have heard its red horse neigh
naked, shoeless and radiant.
I cross with it over the churches,

galopo los cuarteles desiertos de soldados
y un ejército impuro me persigue.
Sus ojos de eucaliptus roban sombra,
su cuerpo de campana galopa y golpea.

Yo necesito un relámpago de fulgor persistente,
un deudo festival que asuma mis herencias.

I gallop through barracks stripped of soldiers
and a foul army pursues me.
Its eucalyptus eyes steal the shadows,
its bell body gallops and strikes.

I need a lightningstroke of persistent splendor,
a festive relative to take on my inheritance.

DÉBIL DEL ALBA

El día de los desventurados, el día pálido se asoma
con un desgarrador olor frío, con sus fuerzas en gris,
sin cascabeles, goteando el alba por todas partes:
es un naufragio en el vacío, con un alrededor de llanto.

Porque se fue de tantos sitios la sombra húmeda, callada,
de tantas cavilaciones en vano, de tantos parajes terrestres
en donde debió ocupar hasta el designio de las raíces,
de tanta forma aguda que se defendía.

Yo lloro en medio de lo invadido, entre lo confuso,
entre el sabor creciente, poniendo el oído
en la pura circulación, en el aumento,
cediendo sin rumbo el paso a lo que arriba,
a lo que surge vestido de cadenas y claveles,
yo sueño, sobrellevando mis vestigios mortales.

Nada hay de precipitado, ni de alegre, ni de forma orgullosa,
todo aparece haciéndose con evidente pobreza,
la luz de la tierra sale de sus párpados
no como la campanada, sino más bien como las lágrimas:
el tejido del día, su lienzo débil,
sirve para una venda de enfermos, sirve para hacer señas
en una despedida, detrás de la ausencia:
es el color que sólo quiere reemplazar,
cubrir, tragar, vencer, hacer distancias.

Estoy solo entre materias desvencijadas,
la lluvia cae sobre mí, y se me parece,
se me parece con su desvarío, solitaria en el mundo muerto,
rechazada al caer, y sin forma obstinada.

THE DAWN'S DEBILITY

The day of the luckless, the pale day peers out
with a chill and piercing smell, with its forces gray,
without rattles, the dawn oozing everywhere:
it is a shipwreck in a void, surrounded by tears.

Because the moist, silent shadow departed from so many places,
from so many vain cavilings, so many earthly places
where it must have occupied even the design of the roots,
from so many sharp and self-defending shapes.

I weep amid invasion, among confusion,
among the swelling taste, lending an ear
to the pure circulation, to the increase,
making pathless way for what arrives,
what comes forth dressed in chains and carnations,
I dream, enduring my mortal remains.

There is nothing precipitous, or gay, or proud in form,
everything appears, taking shape with obvious poverty,
the light of the earth comes from its eyelids
not like the stroke of a bell but rather like tears:
the texture of the day, its feeble canvas,
serves as a bandage for the patients, serves to make signs
in a farewell, behind the absence:
it is the color that wants only to replace,
to cover, swallow, conquer, make distances.

I am alone among rickety substances,
the rain falls upon me and it seems like me,
like me with its madness, alone in the dead world,
rejected as it falls, and without persistent shape.

UNIDAD

Hay algo denso, unido, sentado en el fondo,
repitiendo su número, su señal idéntica.
Cómo se nota que las piedras han tocado el tiempo,
en su fina materia hay olor a edad
y el agua que trae el mar, de sal y sueño.

Me rodea una misma cosa, un solo movimiento:
el peso del mineral, la luz de la miel,
se pegan al sonido de la palabra noche:
la tinta del trigo, del marfil, del llanto,
las cosas de cuero, de madera, de lana,
envejecidas, desteñidas, uniformes,
se unen en torno a mí como paredes.

Trabajo sordamente, girando sobre mí mismo,
como el cuervo sobre la muerte, el cuervo de luto.
Pienso, aislado en lo extenso de las estaciones,
central, rodeado de geografía silenciosa:
una temperatura parcial cae del cielo,
un extremo imperio de confusas unidades
se reúne rodeándome.

UNITY

There is something dense, united, seated in the depths,
repeating its number, its identical sign.
How clear it is that the stones have touched time,
in their fine substance there is a smell of age
and the water that the sea brings from salt and sleep.

I am surrounded by just one thing, a single movement:
the weight of the mineral, the light of the honey,
they stick to the sound of the word "night":
the shade of wheat, of ivory, of tears,
things of leather, of wood, of wool,
aged, faded, uniform things
gather around me like walls.

I work silently, wheeling over myself,
like the crow over death, the crow in mourning.
I think, isolated in the expanse of the seasons,
central, surrounded by silent geography:
a partial temperature falls from the sky,
an ultimate empire of confused unities
gathers surrounding me.

SABOR

De falsas astrologías, de costumbres un tanto lúgubres,
vertidas en lo inacabable y siempre llevadas al lado,
he conservado una tendencia, un sabor solitario.

De conversaciones gastadas como usadas maderas,
con humildad de sillas, con palabras ocupadas
en servir como esclavos de voluntad secundaria,
teniendo esa consistencia de la leche, de las semanas muertas,
del aire encadenado sobre las ciudades.

Quién puede jactarse de paciencia más sólida?
La cordura me envuelve de piel compacta
de un color reunido como una culebra:
mis criaturas nacen de un largo rechazo:
ay, con un solo alcohol puedo despedir este día
que he elegido, igual entre los días terrestres.

Vivo lleno de una substancia de color común, silenciosa
como una vieja madre, una paciencia fija
como sombra de iglesia o reposo de huesos.
Voy lleno de esas aguas dispuestas profundamente,
preparadas, durmiéndose en una atención triste.

En mi interior de guitarra hay un aire viejo,
seco y sonoro, permanecido, inmóvil,
como una nutrición fiel, como humo:
un elemento en descanso, un aceite vivo:
un pájaro de rigor cuida mi cabeza:
un ángel invariable vive en mi espada.

TASTE

Of false astrologies, of customs somewhat gloomy,
poured into the interminable and always carried to the side,
I have retained a tendency, a solitary taste.

Of conversations as worn out as old wood,
with the humility of chairs, with words occupied
in serving as slaves with secondary wills,
having that consistency of milk, of dead weeks,
of the air enchained above the cities.

Who can boast of a more solid patience?
Prudence wraps me in a compact skin
with a color coiled like a snake:
my infants are born from a long rejection:
ah, with a single drink I can dismiss this day
that I have chosen, equal among earthly days.

I live filled with a substance of common color, silent
as an old mother, a patience fixed
as a church shadow or a repose of bones.
I go filled with those waters, deeply arranged,
prepared, falling to sleep in a sad attention.

Inside my guitar interior there is an old air,
dry and resonant, left behind, motionless,
like a faithful nutrition, like smoke;
an element at rest, a living oil:
an essential bird watches over my head:
a constant angel lives in my sword.

AUSENCIA DE JOAQUÍN

Desde ahora, como una partida verificada lejos,
en funerales estaciones de humo o solitarios malecones,
desde ahora lo veo precipitándose en su muerte,
y detrás de él siento cerrarse los días del tiempo.

Desde ahora, bruscamente, siento que parte,
precipitándose en las aguas, en ciertas aguas,
     en cierto océano,
y luego, al golpe suyo, gotas se levantan, y un ruido,
un determinado, sordo ruido siento producirse,
un golpe de agua azotada por su peso,
y de alguna parte, de alguna parte siento que saltan y salpican
     estas aguas,
sobre mí salpican estas aguas, y viven como ácidos.

Su costumbre de sueños y desmedidas noches,
su alma desobediente, su preparada palidez
duermen con él por último, y él duerme,
porque al mar de los muertos su pasión desplómase,
violentamente hundiéndose, fríamente asociándose.

JOACHIM'S ABSENCE

From now, like a departure noticed from afar,
in funeral stations of smoke or solitary sea walls,
from now I see him plunging to his death,
and behind him I feel the days of time close in.

From now, brusquely, I feel him leave,
plunging into the waters, into certain waters,
    into a certain ocean,
and then, as he strikes, drops rise, and I hear
a sound, a persistent, deep sound come forth,
a huge wave, whipped by his weight,
and from somewhere, from somewhere, I feel these waters
    leaping and splashing,
these waters splash over me, and they have acid lives.

His habit of dreams and measureless nights,
his disobedient soul, his prepared pallor
sleep with him at last, and he sleeps,
because his passion collapses into the sea of the dead,
violently sinking, coldly coalescing.

MADRIGAL ESCRITO EN INVIERNO

En el fondo del mar profundo,
en la noche de largas listas,
como un caballo cruza corriendo
tu callado callado nombre.

Alójame en tu espalda, ay, refúgiame,
aparéceme en tu espejo, de pronto,
sobre la hoja solitaria, nocturna,
brotando de lo oscuro, detrás de ti.

Flor de la dulce luz completa,
acúdeme tu boca de besos,
violenta de separaciones,
determinada y fina boca.

Ahora bien, en lo largo y largo,
de olvido a olvido residen conmigo
los rieles, el grito de la lluvia:
lo que la oscura noche preserva.

Acógeme en la tarde de hilo,
cuando al anochecer trabaja
su vestuario y palpita en el cielo
una estrella llena de viento.

Acércame tu ausencia hasta el fondo,
pesadamente, tapándome los ojos,
crúzame tu existencia, suponiendo
que mi corazón está destruido.

MADRIGAL WRITTEN IN WINTER

In the depths of the deep sea,
in the night of long lists,
like a horse your silent
silent name runs past.

Lodge me at your back, oh shelter me,
appear to me in your mirror, suddenly,
upon the solitary, nocturnal pane,
sprouting from the dark behind you.

Flower of sweet total light,
bring to my call your mouth of kisses,
violent from separations,
resolute and delicate mouth.

Now then, in the long run,
from oblivion to oblivion the rails
reside with me, the cry of the rain:
what the dark night preserves.

Welcome me in the threadlike evening,
when at dusk it works upon
its wardrobe and in the sky a star
twinkles filled with wind.

Bring your substance deep down to me,
heavily, covering my eyes,
let your existence cut across me, supposing
that my heart is destroyed.

FANTASMA

Cómo surges de antaño, llegando,
encandilada, pálida estudiante,
a cuya voz aún piden consuelo
los meses dilatados y fijos.

Sus ojos luchaban como remeros
en el infinito muerto
con esperanza de sueño y materia
de seres saliendo del mar.

De la lejanía en donde
el olor de la tierra es otro
y lo vespertino llega llorando
en forma de oscuras amapolas.

En la altura de los días inmóviles
el insensible joven diurno
en tu rayo de luz se dormía
afirmado como en una espada.

Mientras tanto crece a la sombra
del largo transcurso en olvido
la flor de la soledad, húmeda, extensa,
como la tierra en un largo invierno.

PHANTOM

How you rise up from yesteryear, arriving,
dazzled, pale student,
at whose voice the dilated and fixed months
still beg for consolation.

Their eyes struggled like rowers
in the dead infinity
with hope of sleep and substance
of beings emerging from the sea.

From the distance where
the smell of the earth is different
and the twilight comes weeping
in the shape of dark poppies.

At the height of motionless days
the insensible diurnal youth
was falling asleep in your ray of light
as if fixed upon a sword.

Meanwhile there grows in the shadow
of the long passage through oblivion
the flower of solitude, moist, extensive,
like the earth in a long winter.

LAMENTO LENTO

En la noche del corazón
la gota de tu nombre lento
en silencio circula y cae
y rompe y desarrolla su agua.

Algo quiere su leve daño
y su estima infinita y corta,
como el paso de un ser perdido
de pronto oído.

De pronto, de pronto escuchado
y repartido en el corazón
con triste insistencia y aumento
como un sueño frío de otoño.

La espesa rueda de la tierra
su llanta húmeda de olvido
hace rodar, cortando el tiempo
en mitades inaccesibles.

Sus copas duras cubren tu alma
derramada en la tierra fría
con sus pobres chispas azules
volando en la voz de la lluvia.

SLOW LAMENT

Into the night of the heart
your name drops slowly
and moves in silence and falls
and breaks and spreads its water.

Something wishes for its slight harm
and its infinite and short esteem,
like the step of a lost one
suddenly heard.

Suddenly, suddenly listened to
and spread in the heart
with sad insistence and increase
like a cold autumnal dream.

The thick wheel of the earth,
its tire moist with oblivion,
spins, cutting time
into inaccessible halves.

Its hard goblets cover your heart
spilt upon the cold earth
with its poor blue sparks
flying in the voice of the rain.

COLECCIÓN NOCTURNA

He vencido al ángel del sueño, el funesto alegórico:
su gestión insistía, su denso paso llega
envuelto en caracoles y cigarras,
marino, perfumado de frutos agudos.

Es el viento que agita los meses, el silbido de un tren,
el paso de la temperatura sobre el lecho,
un opaco sonido de sombra
que cae como trapo en lo interminable,
una repetición de distancias, un vino de color confundido,
un paso polvoriento de vacas bramando.

A veces su canasto negro cae en mi pecho,
sus sacos de dominio hieren mi hombro,
su multitud de sal, su ejército entreabierto
recorren y revuelven las cosas del cielo:
él galopa en la respiración y su paso es de beso:
su salitre seguro planta en los párpados
con vigor esencial y solemne propósito:
entra en lo preparado como un dueño:
su substancia sin ruido equipa de pronto,
su alimento profético propaga tenazmente.

Reconozco a menudo sus guerreros,
sus piezas corroídas por el aire, sus dimensiones,
y su necesidad de espacio es tan violenta
que baja hasta mi corazón a buscarlo:
él es el propietario de las mesetas inaccesibles,
él baila con personajes trágicos y cotidianos:
de noche rompe mi piel su ácido aéreo
y escucho en mi interior temblar su instrumento.

NOCTURNAL COLLECTION

I have conquered the angel of sleep, the metaphorical doom:
his procedure insisted, his dense passage arrives
wrapped in snails and locusts,
maritime, perfumed with sharp fruits.

He is the wind that shakes the months, the whistle of a train,
the passage of temperature over the bed,
an opaque sound of shadow
that falls like a rag on the interminable,
a repetition of distances, a wine of confused color,
a dusty passing of bellowing cows.

At times his black hamper falls upon my chest,
his bags of authority wound my shoulder,
his multitude of salt, his half-open army
overrun and overturn the things of heaven:
he gallops in the breath and his step is kisslike:
his secure saltpeter he plants in the eyelids
with essential vigor and solemn purpose:
he enters the preparation like a master:
his soundless substance he equips suddenly,
his prophetic food he propagates tenaciously.

I often recognize his warriors,
his rooms corroded by the air, his dimensions,
and his need for space is so violent
that he comes down to my heart to seek it:
he is the proprietor of the inaccessible plateaus,
he dances with tragic and daily personages:
at night his aerial acid breaks my flesh
and within me I listen to the trembling of his instrument.

Yo oigo el sueño de viejos compañeros y mujeres amadas,
sueños cuyos latidos me quebrantan:
su material de alfombra piso en silencio,
su luz de amapola muerdo con delirio.

Cadáveres dormidos que a menudo
danzan asidos al peso de mi corazón,
qué ciudades opacas recorremos!

Mi pardo corcel de sombra se agiganta,
y sobre envejecidos tahúres, sobre lenocinios de
        escaleras gastadas,
sobre lechos de niñas desnudas, entre jugadores de foot-ball,
del viento ceñidos pasamos:
y entonces caen a nuestra boca esos frutos blandos del cielo,
los pájaros, las campanas conventuales, los cometas:
aquel que se nutrió de geografía pura y estremecimiento,
ése tal vez nos vio pasar centelleando.

Camaradas cuyas cabezas reposan sobre barriles,
en un desmantelado buque prófugo, lejos,
amigos míos sin lágrimas, mujeres de rostro cruel:
la medianoche ha llegado y un gong de muerte
golpea en torno mío como el mar.
Hay en la boca el sabor, la sal del dormido.

Fiel como una condena, a cada cuerpo
la palidez del distrito letárgico acude:
una sonrisa fría, sumergida,
unos ojos cubiertos como fatigados boxeadores,
una respiración que sordamente devora fantasmas.

En esa humedad de nacimiento, con esa proporción tenebrosa,
cerrada como una bodega, el aire es criminal:
las paredes tienen un triste color de cocodrilo,
una contextura de araña siniestra:
se pisa en lo blando como sobre un monstruo muerto:

I hear the dream of old companions and beloved women,
dreams whose pulsings shatter me:
I tread in silence on their ruglike substance,
their poppy light I bite deliriously.

Sleeping corpses that often
dance clutched to the weight of my heart,
what opaque cities we travel through!

My dark shadowy steed becomes gigantic,
and above aged gamblers, above whorehouses with
      worn-away staircases,
above beds with naked girls, among soccer players,
hugging the wind we pass:
and then fall into our mouths those bland fruits from the sky,
birds, convent bells, comets:
that one who was nurtured on pure geography and trembling,
that one perhaps saw us pass sparkling.

Comrades whose heads rest on barrels,
on a dismantled fugitive ship, far away,
my tearless friends, women with cruel faces:
midnight has arrived and a death gong
strikes around me like the sea.
In the mouth there is the taste, the salt of the sleeper.

Faithful as a penalty, to each body
hastens the pallor of the lethargic district:
a cold smile, submerged,
eyes hooded, like weary boxers,
a breathing that dully devours ghosts.

In that moistness of birth, with that gloomy proportion,
closed in like a wine cellar, the air is criminal:
the walls have a sad crocodile color,
a texture of sinister spider:
one steps on the softness as on a dead monster:

las uvas negras inmensas, repletas,
cuelgan de entre las ruinas como odres:
oh Capitán, en nuestra hora de reparto
abre los mudos cerrojos y espérame:
allí debemos cenar vestidos de luto:
el enfermo de malaria guardará las puertas.

Mi corazón, es tarde y sin orillas,
el día, como un pobre mantel puesto a secar,
oscila rodeado de seres y extensión:
de cada ser viviente hay algo en la atmósfera:
mirando mucho el aire aparecerían mendigos,
abogados, bandidos, carteros, costureras,
y un poco de cada oficio, un resto humillado
quiere trabajar su parte en nuestro interior.
Yo busco desde antaño, yo examino sin arrogancia,
conquistado, sin duda, por lo vespertino.

the immense black grapes, swollen,
hang down among the ruins like wineskins:
oh, Captain, in our hour of distribution
open the mute locks and wait for me:
there we must sup dressed in mourning:
the malarial patient will guard the doors.

My heart, it is late and shoreless,
the day, like a poor tablecloth put out to dry,
wavers surrounded by beings and extension:
of each living being there is something in the atmosphere:
if one looked hard at the air beggars would appear,
lawyers, bandits, mailmen, dressmakers,
and a little of each trade, a humbled remainder,
wants to perform its part in our interior.
I have been seeking for years, I examine without arrogance,
conquered, no doubt, by the twilight.

JUNTOS NOSOTROS

Qué pura eres de sol o de noche caída,
qué triunfal desmedida tu órbita de blanco,
y tu pecho de pan, alto de clima,
tu corona de árboles negros, bienamada,
y tu nariz de animal solitario, de oveja salvaje
que huele a sombra y a precipitada fuga tiránica.

Ahora, qué armas espléndidas mis manos,
digna su pala de hueso y su lirio de uñas,
y el puesto de mi rostro, y el arriendo de mi alma
están situados en lo justo de la fuerza terrestre.
Qué pura mi mirada de nocturna influencia,
caída de ojos oscuros y feroz acicate,
mi simétrica estatua de piernas gemelas
sube hacia estrellas húmedas cada mañana,
y mi boca de exilio muerde la carne y la uva,
mis brazos de varón, mi pecho tatuado
en que penetra el vello como ala de estaño,
mi cara blanca hecha para la profundidad del sol,
mi pelo hecho de ritos, de minerales negros,
mi frente, penetrante como golpe o camino,
mi piel de hijo maduro, destinado al arado,
mis ojos de sal ávida, de matrimonio rápido,
mi lengua amiga blanda del dique y del buque,
mis dientes de horario blanco, de equidad sistemática,
la piel que hace a mi frente un vacío de hielos
y en mi espalda se torna, y vuela en mis párpados,
y se repliega sobre mi más profundo estímulo,
y crece hacia las rosas en mis dedos,
en mi mentón de hueso y en mis pies de riqueza.

Y tú como un mes de estrella, como un beso fijo,
como estructura de ala, o comienzos de otoño,
niña, mi partidaria, mi amorosa,

WE TOGETHER

How pure you are by sunlight or by fallen night,
how triumphal and boundless your orbit of white,
and your bosom of bread, high in climate,
your crown of black trees, beloved,
and your lone-animal nose, nose of a wild sheep
that smells of shadow and of precipitous, tyrannical flight.

Now, what splendid weapons my hands,
how worthy their blade of bone and their lily nails,
and the placing of my face and the rental of my soul
are situated in the center of earthly force.
How pure my gaze of nocturnal influence,
a fall of dark eyes and ferocious urge,
my symmetrical statue with twin legs
mounts toward moist stars each morning,
and my exiled mouth bites the flesh and the grape,
my manly arms, my tattooed chest
on which the hair takes root like a tin wing,
my white face made for the sun's depth,
my hair made of rituals, of black minerals,
my forehead, penetrating as a blow or a road,
my skin of a grown-up son, destined for the plow,
my eyes of avid salt, of rapid marriage,
my tongue soft friend of dike and ship,
my teeth like a white clockface, of systematic equity,
the skin that makes in front of me an icy emptiness
and in back of me revolves, and flies in my eyelids,
and folds back upon my deepest stimulus,
and grows toward the roses in my fingers,
in my chin of bone and in my feet of richness.

And you, like a month of star, like a fixed kiss,
like a structure of wing, or the beginning of autumn,
girl, my advocate, my amorous one,

la luz hace su lecho bajo tus grandes párpados,
dorados como bueyes, y la paloma redonda
hace sus nidos blancos frecuentemente en ti.

Hecha de ola en lingotes y tenazas blancas,
tu salud de manzana furiosa se estira sin límite,
el tonel temblador en que escucha tu estómago,
tus manos hijas de la harina y del cielo.

Qué parecida eres al más largo beso,
su sacudida fija parece nutrirte,
y su empuje de brasa, de bandera revuelta,
va latiendo en tus dominios y subiendo temblando,
y entonces tu cabeza se adelgaza en cabellos,
y su forma guerrera, su círculo seco,
se desploma de súbito en hilos lineales
como filos de espadas o herencias del humo.

light makes its bed beneath your big eyelids,
golden as oxen, and the round dove
often makes her white nests in you.

Made of wave in ingots and white pincers,
your furious apple health stretches without limit,
the trembling cask in which your stomach listens,
your hands daughters of wheat and sky.

How like you are to the longest kiss,
its fixed shock seems to nourish you,
and its thrust of live coals, of fluttering flag,
goes throbbing in your domains and mounting trembling,
and then your head slenders into hairs,
and its warlike form, its dry circle,
collapses suddenly into lineal strings
like swords' edges or inheritance of smoke.

TIRANÍA

Oh dama sin corazón, hija del cielo,
auxíliame en esta solitaria hora
con tu directa indiferencia de arma
y tu frío sentido del olvido.

Un tiempo total como un océano,
una herida confusa como un nuevo ser
abarcan la tenaz raíz de mi alma
mordiendo el centro de mi seguridad.

Qué espeso latido se cimbra en mi corazón
como una ola hecha de todas las olas,
y mi desesperada cabeza se levanta
en un esfuerzo de salto y de muerte.

Hay algo enemigo temblando en mi certidumbre,
creciendo en el mismo origen de las lágrimas
como una planta desgarradora y dura
hecha de encadenadas hojas amargas.

TYRANNY

Oh heartless lady, daughter of the sky,
help me in this solitary hour
with your direct armed indifference
and your cold sense of oblivion.

A time complete as an ocean,
a wound confused as a new being
encompass the stubborn root of my soul
biting the center of my security.

What a heavy throbbing beats in my heart
like a wave made of all the waves,
and my despairing head is raised
in an effort of leaping and of death.

There is something hostile trembling in my certitude,
growing in the very origin of tears
like a harsh, clawing plant
made of linked and bitter leaves.

SERENATA

En tu frente descansa el color de las amapolas,
el luto de las viudas halla eco, oh apiadada:
cuando corres detrás de los ferrocarriles, en los campos,
el delgado labrador te da la espalda,
de tus pisadas brotan temblando los dulces sapos.

El joven sin recuerdos te saluda, te pregunta por su
    olvidada voluntad,
las manos de él se mueven en tu atmósfera como pájaros,
y la humedad es grande a su alrededor:
cruzando sus pensamientos incompletos,
queriendo alcanzar algo, oh, buscándote,
le palpitan los ojos pálidos en tu red
como instrumentos perdidos que brillan de súbito.

O recuerdo el día primero de la sed,
la sombra apretada contra los jazmines,
el cuerpo profundo en que te recogías
como una gota temblando también.

Pero acallas los grandes árboles, y encima de la luna,
    sobrelejos,
vigilas el mar como un ladrón.
Oh noche, mi alma sobrecogida te pregunta
desesperadamente a ti por el metal que necesita.

SERENADE

On your brow rests the color of the poppies,
the mourning of widows finds echo, oh hapless one:
when you run behind the railroads, in the fields,
the slender worker turns his back on you,
from your footprints sweet toads sprout trembling.

The youth without memories greets you, asks you about his
    forgotten wish,
his hands move in your atmosphere like birds,
and there is great dampness surrounding him:
crossing his incomplete thoughts,
wishing to reach something, oh, seeking you,
his pale eyes blink in your net
like lost instruments that suddenly gleam.

Oh I remember the first day of thirst,
the shadow pressed against the jasmines,
the deep body in which you took refuge
like a drop that also trembles.

But you silence the great trees, and above the moon,
    far away above,
you spy upon the sea like a thief.
Oh, night, my startled soul asks you,
you, desperately, about the metal that it needs.

DIURNO DOLIENTE

De pasión sobrante y sueños de ceniza
un pálido palio llevo, un cortejo evidente,
un viento de metal que vive solo,
un sirviente mortal vestido de hambre,
y en lo fresco que baja del árbol,
    en la esencia del sol
que su salud de astro implanta en las flores,
cuando a mi piel parecida al oro llega el placer,
tú, fantasma coral con pies de tigre,
tú, ocasión funeral, reunión ígnea,
acechando la patria en que sobrevivo
con tus lanzas lunares que tiemblan un poco.

Porque la ventana que el mediodía vacío atraviesa
tiene un día cualquiera mayor aire en sus alas,
el frenesí hincha el traje y el sueño al sombrero,
una abeja extremada arde sin tregua.
Ahora, qué imprevisto paso hace crujir los caminos?
Qué vapor de estación lúgubre, qué rostro de cristal,
y aún más, qué sonido de carro viejo con espigas?
Ay, una a una, la ola que llora y la sal que se triza,
y el tiempo del amor celestial que pasa volando,
han tenido voz de huéspedes y espacio en la espera.

De distancias llevadas a cabo, de resentimientos infieles,
de hereditarias esperanzas mezcladas con sombra,
de asistencias desgarradoramente dulces
y días de transparente veta y estatua floral,
qué subsiste en mi término escaso, en mi débil producto?
De mi lecho amarillo y de mi substancia estrellada,
quién no es vecino y ausente a la vez?

DAILY MOURNER

Of excessive passion and ashen dreams
I wear a pale pallium, an evident cortege,
a metal wind that lives alone,
a mortal servant dressed in hunger,
and in the coolness that comes down from the tree,
    in the essence of the sun
that implants its astral health in the flowers,
when pleasure reaches my goldlike skin,
you, choral ghost with tiger feet,
you, funereal occasion, igneous gathering,
spying on the country in which I survive
with your lunar lances that tremble slightly.

Because the window crossed by the empty noon
has some day or other greater air in its wings,
frenzy swells the suit and dream swells the hat,
an intense bee relentlessly burns.
Now, what unforeseen step makes the roads creak?
What dreary railroad station steam, what crystal face,
and even more, what sound of an old hayseeded cart?
Ah, one by one, the weeping wave and the shredding salt,
and the celestial love time that flies by,
have had guest voices and space in expectation.

Of distances accomplished, of faithless resentments,
of hereditary hopes mixed with shadow,
of slashingly sweet attendances
and days of transparent vein and floral statue,
what subsists in my scanty end, in my feeble product?
My yellow bed and my star-spangled substance,
who is not at once neighbor to them and absent from them?

Un esfuerzo que salta, una flecha de trigo
tengo, y un arco en mi pecho manifiestamente espera,
y un latido delgado, de agua y tenacidad,
como algo que se quiebra perpetuamente,
atraviesa hasta el fondo mis separaciones,
apaga mi poder y propaga mi duelo.

I have a leaping impulse, an arrow
of wheat, and a bow at my breast clearly waits,
and a thin throb, of water and tenacity,
like something that perpetually breaks,
pierces my separations to the depths,
extinguishes my power and spreads my grief.

MONZÓN DE MAYO

El viento de la estación, el viento verde,
cargado de espacio y agua, entendido en desdichas,
arrolla su bandera de lúgubre cuero
y de una desvanecida substancia, como dinero de limosna:
así, plateado, frío, se ha cobijado un día,
frágil como la espada de cristal de un gigante,
entre tantas fuerzas que amparan su suspiro que teme,
su lágrima al caer, su arena inútil,
rodeado de poderes que cruzan y crujen,
como un hombre desnudo en una batalla
levantando su ramo blanco, su certidumbre incierta,
su gota de sal trémula entre lo invadido.

Qué reposo emprender, qué pobre esperanza amar,
con tan débil llama y tan fugitivo fuego?
Contra qué levantar el hacha hambrienta?
De qué materia desposeer, huir de
    qué rayo?
Su luz apenas hecha de longitud y temblor
arrastra como cola de traje de novia triste
aderezada de sueño mortal y palidez.
Porque todo aquello que la sombra tocó y ambicionó el desorden
gravita, líquido, suspendido, desprovisto de paz,
indefenso entre espacios, vencido de muerte.

Ay, y es el destino de un día que fue esperado,
hacia el que corrían cartas, embarcaciones, negocios,
morir, sedentario y húmedo sin su propio cielo.
Dónde está su toldo de olor, su profundo follaje,
su rápido celaje de brasa, su respiración viva?
Inmóvil, vestido de un fulgor moribundo y una escama opaca,
verá partir la lluvia sus mitades
y al viento nutrido de aguas atacarlas.

MAY MONSOON

The seasonal wind, the green wind,
laden with space and water, expert in misfortunes,
furls its banner of mournful leather
and of faint substance, like alms money:
thus, silvery, cold, it took shelter one day,
fragile as a giant's crystal sword,
among so many forces that protect its timorous sigh,
its falling tear, its useless sand,
surrounded by powers that cross and creak,
like a man naked in a battle,
raising his white branch, his uncertain certainty,
his drop of salt tremulous amid invasion.

What repose to attempt, what poor hope to love,
with so feeble a flame and so fugitive a fire?
Against what to raise the hungry ax?
Of what substance to divest oneself, from what lightningbolt
        to flee?
Its light scarcely made of length and tremor
drags like a sad bridal train
dressed in mortal sleep and pallor.
Because all that the shadow touched and that disorder strove for
gravitates, liquid, suspended, devoid of peace,
defenseless among spaces, conquered by death.

Ah, and it is the destiny of a day that was expected,
toward which hurried letters, vessels, business deals,
to die, sedentary and moist without its own sky.
Where is its fragrant awning, its deep foliage,
its swift cloud-piercing light, its living breath?
Motionless, dressed in a dying splendor and an opaque scale,
it will see the rain divide its halves
and the wind nourished by the waters attack them.

ARTE POÉTICA

Entre sombra y espacio, entre guarniciones y doncellas,
dotado de corazón singular y sueños funestos,
precipitadamente pálido, marchito en la frente
y con luto de viudo furioso por cada día de vida,
ay, para cada agua invisible que bebo soñolientamente
y de todo sonido que acojo temblando,
tengo la misma sed ausente y la misma fiebre fría,
un oído que nace, una angustia indirecta,
como si llegaran ladrones o fantasmas,
y en una cáscara de extensión fija y profunda,
como un camarero humillado, como una campana un poco ronca,
como un espejo viejo, como un olor de casa sola
en la que los huéspedes entran de noche perdidamente ebrios,
y hay un olor de ropa tirada al suelo, y una
        ausencia de flores,
—posiblemente de otro modo aún menos melancólico—,
pero, la verdad, de pronto, el viento que azota mi pecho,
las noches de substancia infinita caídas en mi dormitorio,
el ruido de un día que arde con sacrificio
me piden lo profético que hay en mí, con melancolía,
y un golpe de objetos que llaman sin ser respondidos
hay, y un movimiento sin tregua, y un hombre confuso.

ARS POETICA

Between shadow and space, between trimmings and damsels,
endowed with a singular heart and sorrowful dreams,
precipitously pallid, withered in the brow
and with a furious widower's mourning for each day of life,
ah, for each invisible water that I drink somnolently
and from every sound that I welcome trembling,
I have the same absent thirst and the same cold fever,
a nascent ear, an indirect anguish,
as if thieves or ghosts were coming,
and in a shell of fixed and profound expanse,
like a humiliated waiter, like a slightly raucous bell,
like an old mirror, like the smell of a solitary house
where the guests come in at night wildly drunk,
and there is a smell of clothes thrown on the floor, and an
     absence of flowers—
possibly in another even less melancholy way—
but the truth is that suddenly the wind that lashes my chest,
the nights of infinite substance fallen in my bedroom,
the noise of a day that burns with sacrifice,
ask me, mournfully, for what prophecy there is in me,
and there is a swarm of objects that call without being answered,
and a ceaseless movement, and a bewildered man.

SISTEMA SOMBRÍO

De cada uno de estos días negros como viejos hierros,
y abiertos por el sol como grandes bueyes rojos,
y apenas sostenidos por el aire y por los sueños,
y desaparecidos irremediablemente y de pronto,
nada ha substituido mis perturbados orígenes,
y las desiguales medidas que circulan en mi corazón
allí se fraguan de día y de noche, solitariamente,
y abarcan desordenadas y tristes cantidades.

Así, pues, como un vigía tornado insensible y ciego,
incrédulo y condenado a un doloroso acecho,
frente a la pared en que cada día del tiempo se une,
mis rostros diferentes se arriman y encadenan
como grandes flores pálidas y pesadas
tenazmente substituidas y difuntas.

SOMBER SYSTEM

From each of these days black as old irons,
and opened by the sun like great red oxen,
and scarcely sustained by air and by dreams,
and vanished irreparably and suddenly,
nothing has replaced my troubled origins,
and the unequal measures that circulate in my heart
are forged there by day and by night, solitarily,
and embrace unruly and mournful quantities.

Thus, then, like a lookout turned insensible and blind,
incredulous and condemned to a pitiful spying,
facing the wall at which each day of time unites,
my different faces gather and make chains
like great flowers pale and weighty
tenaciously replaced and dead.

ANGEL ADÓNICA

Hoy me he tendido junto a una joven pura
como a la orilla de un océano blanco,
como en el centro de una ardiente estrella
de lento espacio.

De su mirada largamente verde
la luz caía como un agua seca,
en transparentes y profundos círculos
de fresca fuerza.

Su pecho como un fuego de dos llamas
ardía en dos regiones levantado,
y en doble río llegaba a sus pies,
grandes y claros.

Un clima de oro maduraba apenas
las diurnas longitudes de su cuerpo
llenándolo de frutas extendidas
y oculto fuego.

ADONIC ANGELA

Today I stretched out next to a pure young woman
as if at the shore of a white ocean,
as if at the center of a burning star
      of slow space.

From her lengthily green gaze
the light fell like dry water,
in transparent and deep circles
      of fresh force.

Her bosom like a two-flamed fire
burned raised in two regions,
and in a double river reached
      her large, clear feet.

A climate of gold scarcely ripened
the diurnal lengths of her body
filling it with extended fruits
      and hidden fire.

SONATA Y DESTRUCCIONES

Después de mucho, después de vagas leguas,
confuso de dominios, incierto de territorios,
acompañado de pobres esperanzas
y compañías infieles y desconfiados sueños,
amo lo tenaz que aún sobrevive en mis ojos,
oigo en mi corazón mis pasos de jinete,
muerdo el fuego dormido y la sal arruinada,
y de noche, de atmósfera oscura y luto prófugo,
aquel que vela a la orilla de los campamentos,
el viajero armado de estériles resistencias,
detenido entre sombras que crecen y alas que tiemblan,
me siento ser, y mi brazo de piedra me defiende.

Hay entre ciencias de llanto un altar confuso,
y en mi sesión de atardeceres sin perfume,
en mis abandonados dormitorios donde habita la luna,
y arañas de mi propiedad, y destrucciones que me son queridas,
adoro mi propio ser perdido, mi substancia imperfecta,
mi golpe de plata y mi pérdida eterna.
Ardió la uva húmeda, y su agua funeral
aún vacila, aún reside,
y el patrimonio estéril, y el domicilio traidor.

Quién hizo ceremonia de cenizas?
Quién amó lo perdido, quién protegió lo último?
El hueso del padre, la madera del buque muerto,
y su propio final, su misma huida,
su fuerza triste, su dios miserable?

Acecho, pues, lo inanimado y lo doliente,
y el testimonio extraño que sostengo,
con eficiencia cruel y escrito en cenizas,
es la forma de olvido que prefiero,
el nombre que doy a la tierra, el valor de mis sueños,
la cantidad interminable que divido
con mis ojos de invierno, durante cada día de este mundo.

SONATA AND DESTRUCTIONS

After a good deal, after vague leagues,
confused about domains, uncertain about territories,
accompanied by faint hopes
and faithless companies and uneasy dreams,
I love the tenacity that still survives in my eyes,
I hear in my heart my horseman steps,
I bite the dormant fire and the ruined salt,
and at night, dark in atmosphere and fugitive mourning,
he who keeps vigil at the edge of camps,
the armed traveler of sterile resistances,
prisoner amid growing shadows and trembling wings,
I feel that I am he, and my arm of stone defends me.

There is among the sciences of weeping a confused altar,
and in my session of perfumeless twilights,
in my abandoned bedrooms where the moon dwells,
and inherited chandeliers, and destructions that are dear to me,
I adore my own lost being, my imperfect substance,
my silver set and my eternal loss.
The moist grape burned, and its funereal water
still wavers, still resides,
and the sterile patrimony, and the treacherous domicile.

Who made a ceremony of ashes?
Who loved the lost, who protected the last?
The bone of the father, the wood of the dead ship,
and its own ending, its very flight,
its sad force, its miserable god?

I spy, then, on the inanimate and the doleful,
and the strange testimony that I affirm,
with cruel efficiency and written in ashes,
is the form of oblivion that I prefer,
the name that I give to the earth, the value of my dreams,
the interminable quantity that I divide
with my winter eyes, during each day of this world.

II

LA NOCHE DEL SOLDADO

Yo hago la noche del soldado, el tiempo del hombre sin melancolía ni exterminio, del tipo tirado lejos por el océano y una ola, y que no sabe que el agua amarga lo ha separado y que envejece, paulatinamente y sin miedo, dedicado a lo normal de la vida, sin cataclismos, sin ausencias, viviendo dentro de su piel y de su traje, sinceramente oscuro. Así, pues, me veo con camaradas estúpidos y alegres, que fuman y escupen y horrendamente beben, y que de repente caen enfermos de muerte. Porque, dónde están la tía, la novia, la suegra, la cuñada del soldado? Tal vez de ostracismo o de malaria mueren, se ponen fríos, amarillos, y emigran a un astro de hielo, a un planeta fresco, a descansar, al fin, entre muchachas y frutas glaciales, y sus cadáveres, sus pobres cadáveres de fuego, irán custodiados por ángeles alabastrinos a dormir lejos de la llama y la ceniza.

Por cada día que cae, con su obligación vesperal de sucumbir, paseo, haciendo una guardia innecesaria, y paso entre mercaderes mahometanos, entre gentes que adoran la vaca y la cobra, paso yo, inadorable y común de rostro. Los meses no son inalterables, y a veces llueve: cae del calor del cielo una impregnación callada como el sudor, y sobre los grandes vegetales, sobre el lomo de las bestias feroces, a lo largo de cierto silencio, estas plumas húmedas se entretejen y alargan. Aguas de la noche, lágrimas del viento monzón, saliva salada caída como la espuma del caballo, y lenta de aumento, pobre de salpicadura, atónita de vuelo.

Ahora, dónde está esa curiosidad profesional, esa ternura abatida que sólo con su reposo abría brecha, esa conciencia resplandeciente cuyo destello me vestía de ultraazul? Voy respirando como hijo hasta el corazón de un método obligatorio, de una tenaz paciencia física, resultado de alimentos y edad acumulados cada día, despojado de mi vestuario de venganza y de mi piel de oro. Horas de una sola estación ruedan a mis

II

THE NIGHT OF THE SOLDIER

I play the night of the soldier, the time of the man without melancholy or extermination, of the type cast far by the ocean and a wave, and who does not know that the bitter water has separated him and that he is growing old, gradually and without fear, dedicated to what is normal in life, without cataclysms, without absences, living inside his skin and his suit, sincerely obscure. So, then, I see myself with stupid and gay comrades, who smoke and spit and drink horribly, and who suddenly fall down deathly sick. Because, where are the aunt, the bride, the mother-in-law, the sister-in-law of the soldier? Perhaps they die of ostracism or malaria, they grow cold, yellow, and they emigrate to a star of ice, to a cool planet, to rest, at last, among girls and glacial fruits, and their corpses, their poor fiery corpses, will go guarded by alabaster angels to sleep far from the flame and the ash.

Through each day that falls, with its twilight obligation to succumb, I walk, performing an unnecessary watch, and I pass among Mohammedan merchants, among people who adore the cow and the cobra, I pass, unadorable and common faced. The months are not unalterable, and at times it rains; from the heat of the sky falls an infusion as silent as sweat, and over the great vegetables, over the backs of the fierce beasts, along a certain silence, these moist feathers interweave and lengthen. Waters of the night, tears of the monsoon wind, salt saliva fallen like the horse's spume, and slow to augment, poor in splash, astonished in flight.

Now, where is that professional curiosity, that abject tenderness that with its mere repose opened a breach, that resplendent conscience whose flash dressed me in ultrablue? I go breathing like a child to the heart of an obligatory way, of a tenacious physical patience, the result of food and age accumulated each day, stripped of my wardrobe of vengeance and of my golden skin. Hours of a single season roll at my feet,

pies, y un día de formas diurnas y nocturnas está casi siempre detenido sobre mí.

Entonces, de cuando en cuando, visito muchachas de ojos y caderas jóvenes, seres en cuyo peinado brilla una flor amarilla como el relámpago. Ellas llevan anillos en cada dedo del pie, y brazaletes, y ajorcas en los tobillos, y además, collares de color, collares que retiro y examino, porque yo quiero sorprenderme ante un cuerpo ininterrumpido y compacto, y no mitigar mi beso. Yo peso con mis brazos cada nueva estatua, y bebo su remedio vivo con sed masculina y en silencio. Tendido, mirando desde abajo la fugitiva criatura, trepando por su ser desnudo hasta su sonrisa: gigantesca y triangular hacia arriba, levantada en el aire por dos senos globales, fijos ante mis ojos como dos lámparas con luz de aceite blanco y dulces energías. Yo me encomiendo a su estrella morena, a su calidez de piel, e inmóvil bajo mi pecho como un adversario desgraciado, de miembros demasiado espesos y débiles, de ondulación indefensa: o bien girando sobre sí misma como una rueda pálida, dividida de aspas y dedos, rápida, profunda, circular, como una estrella en desorden.

Ay, de cada noche que sucede, hay algo de brasa abandonada que se gasta sola, y cae envuelta en ruinas, en medio de cosas funerales. Yo asisto comúnmente a esos términos, cubierto de armas inútiles, lleno de objeciones destruidas. Guardo la ropa y los huesos levemente impregnados de esa materia seminocturna: es un polvo temporal que se me va uniendo, y el dios de la substitución vela a veces a mi lado, respirando tenazmente, levantando la espada.

and a day of diurnal and nocturnal forms is almost always suspended over me.

Then, from time to time, I visit girls with young eyes and hips, beings in whose hair shines a flower yellow as the lightning. They wear rings on each toe, and bracelets, and bangles on their ankles, and besides, colored necklaces, necklaces that I remove and examine, because I want to discover myself before an uninterrupted and compact body, and not to mitigate my kiss. I weigh with my arms each new statue, and I drink its living remedy with masculine thirst and in silence. Stretched out, looking up at the fugitive creature, climbing up over her naked being to her smile; gigantic and triangular above, raised in the air by two global breasts, fixed before my eyes like two lamps with light of white oil and gentle energy. I commend myself to her dark star, to the warmth of her skin, and motionless beneath my chest like a fallen adversary, with members too thick and feeble, with defenseless undulation, or else revolving upon herself like a pale wheel, divided by crosspieces and fingers, rapid, profound, circular, like a disordered star.

Ah, of each night in succession there is something of abandoned coal that consumes itself and falls wrapped in ruins, in the midst of funereal things. I commonly attend those endings, covered with useless weapons, filled with destroyed objections. I watch over the clothes and the bones lightly impregnated with that seminocturnal material; it is a temporal dust that gradually collects on me, and the god of substitution keeps watch at times at my side, breathing tenaciously, raising his sword.

COMUNICACIONES DESMENTIDAS

Aquellos días extraviaron mi sentido profético, a mi casa entraban los coleccionistas de sellos, y emboscados, a altas horas de la estación, asaltaban mis cartas, arrancaban de ellas besos frescos, besos sometidos a una larga residencia marina, y conjuros que protegían mi suerte con ciencia femenina y defensiva caligrafía.

Vivía al lado de otras casas, otras personas y árboles tendiendo a lo grandioso, pabellones de follaje pasional, raíces emergidas, palas vegetales, cocoteros directos, y, en medio de estas espumas verdes, pasaba con mi sombrero puntiagudo y un corazón por completo novelesco, con tranco pesado de esplendor, porque a medida que mis poderes se roían, y destruidos en polvo buscaban simetría como los muertos en los cementerios, los lugares conocidos, las extensiones hasta esa hora despreciadas y los rostros que como plantas lentas brotaban en mi abandono, variaban a mi alrededor con terror y sigilo, como cantidades de hojas que un otoño súbito trastorna.

Loros, estrellas, y además el sol oficial y una brusca humedad hicieron nacer en mí un gusto ensimismado por la tierra y cuanta cosa la cubría, y una satisfacción de casa vieja por sus murciélagos, una delicadeza de mujer desnuda por sus uñas, dispusieron en mí como de armas débiles y tenaces de mis facultades vergonzosas, y la melancolía puso su estría en mi tejido, y la carta de amor, pálida de papel y temor, sustrajo su araña trémula que apenas teje y sin cesar desteje y teje. Naturalmente, de la luz lunar, de su circunstancial prolongación, y más aún, de su eje frío, que los pájaros (golondrinas, ocas) no pueden pisar ni en los delirios de la emigración, de su piel azul, lisa, delgada y sin alhajas, caí hacia el duelo, como quien cae herido de arma blanca. Yo soy sujeto de sangre especial, y esa substancia a la vez nocturna y marítima me hacía alterar y padecer, y esas aguas subcelestes degradaban mi energía y lo comercial de mi disposición.

De ese modo histórico mis huesos adquirieron gran preponderancia en mis intenciones: el reposo, las mansiones a la orilla del mar me atraían sin seguridad pero con destino, y una vez llegado al recinto, rodeado del coro mudo y más inmóvil, sometido a la hora postrera y sus perfumes, injusto con las geografías inexactas y partidario mortal del sillón de cemento, aguardo el tiempo militarmente, y con el florete de la aventura manchado de sangre olvidada.

CONTRADICTED COMMUNICATIONS

Those days led astray my prophetic sense, into my house entered the stamp collectors, and hidden, at all hours of the season, they assaulted my letters, tore from them fresh kisses, kisses subjected to a long maritime residence, and incantations that protected my luck with feminine science and defensive calligraphy.

I lived beside other houses, other persons, and trees tending to the grandiose, pavilions with passionate foliage, emerged roots, vegetal blades, straight cocoanut trees, and in the midst of these green foams, I would pass with my sharp-pointed hat and a heart completely fictional, with a splendor-heavy stride, because in proportion as my powers eroded and, destroyed in dust, sought symmetry like the cemetery dead, the known places, the extensions scorned up to that hour and the faces that like slow plants sprouted in my abandonment, varied around me with terror and silence, like quantities of leaves overturned by a sudden autumn.

Parrots, stars, and in addition the official sun and a brusque dampness brought out in me a meditative taste for the earth and whatever covered it, and the satisfaction of an old house in its bats, a naked woman's delicacy about her nails, arranged in me feeble and tenacious weapons of my shameful faculties, and melancholy put its stria in my web, and the love letter, pale-papered and fearful, removed its tremulous spider that scarcely weaves and ceaselessly unweaves and weaves. Naturally, from the lunar light, from its circumstantial prolongation, and still more, from its cold axis, which the birds (swallows, geese) cannot step on even in the deliriums of emigration, from its blue skin, smooth, thin, and without jewels, I fell toward mourning, as one who falls wounded by a sword. I am a fellow of special blood, and that substance at once nocturnal and maritime made me alter and suffer, and those subcelestial waters degraded my energy and the commercial part of my disposition.

In that historic way my bones acquired a great preponderance in my intentions: the repose, the mansions at the seashore attracted me without security but with destiny, and once arrived at the enclosure, surrounded by the mute and more motionless chorus, subjected to the final hour and its perfumes, unjust to inexact geographies and a mortal partisan of the cement armchair, I await time militarily and with the foil of the adventure stained with forgotten blood.

EL DESHABITADO

Estación invencible ! En los lados del cielo un pálido cierzo se acumulaba, un aire desteñido e invasor, y hacia todo lo que los ojos abarcaban, como una espesa leche, como una cortina endurecida existía, continuamente. De modo que el ser se sentía aislado, sometido a esa extraña substancia, rodeado de un cielo próximo, con el mástil quebrado frente a un litoral blanquecino, abandonado de lo sólido, frente a un transcurso impenetrable y en una casa de niebla. Condenación y horror! De haber estado herido y abandonado, o haber escogido las arañas, el luto y la sotana. De haberse emboscado, fuertemente ahito de este mundo, y de haber conversado sobre esfinges y oros y fatídicos destinos. De haber amarrado la ceniza al traje cotidiano, y haber besado el origen terrestre con su sabor a olvido. Pero no. No.

Materias frías de la lluvia que caen sombríamente, pesares sin resurrección, olvido. En mi alcoba sin retratos, en mi traje sin luz, cuánta cabida eternamente permanece, y el lento rayo recto del día cómo se condensa hasta llegar a ser una sola gota oscura.

Movimientos tenaces, senderos verticales a cuya flor final a veces se asciende, compañías suaves o brutales, puertas ausentes! Como cada día un pan letárgico, bebo de una agua aislada!

Aúlla el cerrajero, trota el caballo, el caballejo empapado en lluvia, y el cochero de largo látigo tose, el condenado! Lo demás, hasta muy largas distancias, permanece inmóvil, cubierto por el mes de junio, y sus vegetaciones mojadas, sus animales callados, se unen como olas. Sí, qué mar de invierno, qué dominio sumergido trata de sobrevivir, y, aparentemente muerto, cruza de largos velámenes mortuorios esta densa superficie?

A menudo, de atardecer acaecido, arrimo la luz a la ventana, y me miro, sostenido por maderas miserables, tendido en la humedad como un ataúd envejecido, entre paredes bruscamente débiles. Sueño, de una ausencia a otra, y a otra distancia, recibido y amargo.

Invincible season! At the sides of the sky a pallid north wind gathered, a faded and invading air, and toward everything that the eyes embraced, a kind of thick milk, like a stiffened curtain, existed continually. So that the person felt himself isolated, subjected to that strange substance, surrounded by a nearby sky, with the broken mast facing a whitish shore, abandoned by solidity, facing an impenetrable passage of time and in a house of mist. Damnation and horror! If he had been wounded and abandoned, or had chosen cobwebs, mourning, and cassock. If he had hidden away, thoroughly surfeited with this world, and if he had conversed about sphinxes and diamonds and fateful destinies. If he had lashed the ashes to the daily suit and kissed the terrestrial origin with its taste of oblivion. But no. No.

Cold substances from the rain that fall somberly, troubles without resurrection, oblivion. In my bedroom without portraits, in my undecorated suit, how much space eternally remains, and the slow straight ray of day, how it condenses until it becomes a single dark drop.

Tenacious movements, vertical paths to whose final flower one ascends at times, gentle or brutal companies, absent doors! I eat every day a lethargic bread, I drink of an isolated water!

The locksmith howls, the horse trots, the rain-soaked nag, and the long-whipped coachman coughs, the rascal! The rest of it, up to very long distances, remains immobile, covered by the month of June, and its wet vegetations, its silent animals, unite like waves. Yes, what winter sea, what submerged domain tries to survive, and, apparently dead, crosses with long mortuary sails this dense surface?

Often, when night has fallen, I bring the light to the window and I look at myself, supported by miserable boards, stretched out in the dampness like an aged coffin, between walls brusquely feeble. I dream, from one absence to another, and at another distance, welcomed and bitter.

EL JOVEN MONARCA

Como continuación de lo leído y precedente de la página que sigue debo encaminar mi estrella al territorio amoroso.

Patria limitada por dos largos brazos cálidos, de larga pasión paralela, y un sitio de oros defendidos por sistema y matemática ciencia guerrera. Sí, quiero casarme con la más bella de Mandalay, quiero encomendar mi envoltura terrestre a ese ruido de la mujer cocinando, a ese aleteo de falda y pie desnudo que se mueven y mezclan como viento y hojas.

Amor de niña de pie pequeño y gran cigarro, flores de ámbar en el puro y cilíndrico peinado, y de andar en peligro, como un lirio de pesada cabeza, de gruesa consistencia.

Y mi esposa a mi orilla, al lado de mi rumor tan venido de lejos, mi esposa birmana, hija del rey.

Su enrollado cabello negro entonces beso, y su pie dulce y perpetuo: y acercada ya la noche, desencadenado su molino, escucho a mi tigre y lloro a mi ausente.

THE YOUNG MONARCH

As a continuation of what has been read and preceding from the following page, I must direct my star to amorous territory.

Fatherland limited by two long warm arms, of long parallel passion, and a place of diamonds defended by system and mathematical warlike science. Yes, I want to marry the most beautiful woman in Mandalay, I want to entrust my earthly wrapping to that noise of the woman cooking, to that fluttering of skirt and bare foot that move and mix like wind and leaves.

A lovely girl with little feet and a big cigar, amber flowers in her pure and cylindrical hair, and living dangerously like a heavy-headed lily of thick consistency.

And my wife at my shore, at the side of my murmur so farfetched, my Burmese wife, daughter of the king.

Her coiled black hair I then kiss, and her sweet and perpetual foot; and night already near, its mill unchained, I listen to my tiger and I weep for my absent one.

Difícilmente llamo a la realidad, como el perro, y también aúllo. Cómo amaría establecer el diálogo del hidalgo y el barquero, pintar la jirafa, describir los acordeones, celebrar mi musa desnuda y enroscada a mi cintura de asalto y resistencia. Así es mi cintura, mi cuerpo en general, una lucha despierta y larga, y mis riñones escuchan.

Oh Dios, cuántas ranas habituadas a la noche, silbando y roncando con gargantas de seres humanos a los cuarenta años, y qué angosta y sideral es la curva que hasta lo más lejos me rodea! Llorarían en mi caso los cantores italianos, los doctores de astronomía ceñidos por esta alba negra, definidos hasta el corazón por esta aguda espada.

Y luego esa condensación, esa unidad de elementos de la noche, esa suposición puesta detrás de cada cosa, y ese frío tan claramente sostenido por estrellas.

Execración para tanto muerto que no mira, para tanto herido de alcohol o infelicidad, y loor al nochero, al inteligente que soy yo, sobreviviente adorador de los cielos.

NOCTURNAL ESTABLISHMENTS

With difficulty I call to reality, like the dog, and I too howl. How I would like to establish the dialogue of the nobleman and the boatman, to paint the giraffe, to describe the accordions, to pay tribute to my muse naked and coiled about my attack-and-resistance girdle. Thus is my girdle, my body in general, a long and wide-awake struggle, and my kidneys listen.

Oh God, how many frogs accustomed to the night, whistling and snoring with throats of forty-year-old human beings, and how narrow and sidereal is the curve that up to the farthest point surrounds me! Italian singers would weep for my case, doctors of astronomy girded by this black dawn, defined to the heart by this sharp sword.

And then that condensation, that unity of night's elements, that supposition placed behind each thing, and that cold so clearly upheld by stars.

Execration for so many dead who do not look, for so many wounded by alcohol or misfortune, and praise for the night watcher, the intelligent one like me, surviving worshiper of the heavens.

ENTIERRO EN EL ESTE

Yo trabajo de noche, rodeado de ciudad,
de pescadores, de alfareros, de difuntos quemados
con azafrán y frutas, envueltos en muselina escarlata:
bajo mi balcón esos muertos terribles
pasan sonando cadenas y flautas de cobre,
estridentes y finas y lúgubres silban
entre el color de las pesadas flores envenenadas
y el grito de los cenicientos danzarines
y el creciente monótono de los tamtam
y el humo de las maderas que arden y huelen.
Porque una vez doblado el camino, junto al turbio río,
sus corazones, detenidos o iniciando un mayor movimiento,
rodarán quemados, con la pierna y el pie hechos fuego,
y la trémula ceniza caerá sobre el agua,
flotará como ramo de flores calcinadas
o como extinto fuego dejado por tan poderosos viajeros
que hicieron arder algo sobre las negras aguas,
    y devoraron
un aliento desaparecido y un licor extremo.

BURIAL IN THE EAST

I work at night, surrounded by the city,
by fishermen, by potters, by corpses burned
with saffron and fruits, wrapped in scarlet muslin:
beneath my balcony those terrible dead men
pass clanking chains and copper flutes,
strident and fine and mournful they whistle
amid the color of the heavy poisoned flowers
and the shout of the ashen dancers
and the growing monotony of the tom-toms
and the smoke of the wood that burns and smells.
Because once around the bend, next to the turbid river,
their hearts, stopped or starting a greater movement,
will roll burned, with leg and foot on fire,
and the trembling ash will fall upon the water,
it will float like a bunch of burned flowers
or like a dead fire left by travelers so powerful
that they made something burn upon the black waters
        and devoured
a vanished breath and an extreme unction.

III

CABALLERO SOLO

Los jóvenes homosexuales y las muchachas amorosas,
y las largas viudas que sufren el delirante insomnio,
y las jóvenes señoras preñadas hace treinta horas,
y los roncos gatos que cruzan mi jardín en tinieblas,
como un collar de palpitantes ostras sexuales
rodean mi residencia solitaria,
como enemigos establecidos contra mi alma,
como conspiradores en traje de dormitorio
que cambiaran largos besos espesos por consigna.

El radiante verano conduce a los enamorados
en uniformes regimientos melancólicos,
hechos de gordas y flacas y alegres y tristes parejas:
bajo los elegantes cocoteros, junto al océano
        y la luna,
hay una continua vida de pantalones y polleras,
un rumor de medias de seda acariciadas,
y senos femeninos que brillan como ojos.

El pequeño empleado, después de mucho,
después del tedio semanal, y las novelas leídas de noche
        en cama,
ha definitivamente seducido a su vecina,
y la lleva a los miserables cinematógrafos
donde los héroes son potros o príncipes apasionados,
y acaricia sus piernas llenas de dulce vello
con sus ardientes y húmedas manos que huelen a cigarrillo.

SINGLE GENTLEMAN

The homosexual young men and the amorous girls,
and the long widows who suffer from delirious insomnia,
and the young wives thirty hours pregnant,
and the raucous cats that cross my garden in the dark,
like a necklace of throbbing sexual oysters,
they surround my solitary residence,
like enemies established against my soul,
like conspirators in night clothes
who had exchanged long thick kisses by command.

The radiant summer leads the loved ones
in uniform melancholy regiments,
made of fat and skinny and happy and sad couples:
beneath the elegant cocoanut trees, next to the ocean
      and the moon,
there is a continuous life of trousers and skirts,
a rustle of stroked silk stockings,
and feminine breasts that shine like eyes.

The little employee, after quite a while,
after the weekly tedium, and the novels read in bed
      at night,
has definitively seduced his neighbor,
and takes her to miserable movies
where the heroes are colts or passionate princes,
and he strokes her legs covered with soft down,
with his ardent moist hands that smell of cigarettes.

Los atardeceres del seductor y las noches de los esposos
se unen como dos sábanas sepultándome,
y las horas después del almuerzo en que los jóvenes estudiantes
y las jóvenes estudiantes, y los sacerdotes se masturban,
y los animales fornican directamente,
y las abejas huelen a sangre, y las moscas zumban coléricas,
y los primos juegan extrañamente con sus primas,
y los médicos miran con furia al marido de la
        joven paciente,
y las horas de la mañana en que el profesor, como por descuido,
cumple con su deber conyugal y desayuna,
y más aún, los adúlteros, que se aman con verdadero amor
sobre lechos altos y largos como embarcaciones:
seguramente, eternamente me rodea
este gran bosque respiratorio y enredado
con grandes flores como bocas y dentaduras
y negras raíces en forma de uñas y zapatos.

The twilights of the seducer and the nights of the spouses
unite like two sheets burying me,
and the hours after lunch when the young men students
and the young women students and the priests masturbate,
and the animals fornicate directly,
and the bees smell of blood, and the flies buzz angrily,
and boy cousins play strangely with their girl cousins,
and the doctors look furiously at the husband of the
      young patient,
and the morning hours when the teacher absentmindedly
fulfills his conjugal duty and has breakfast,
and still more, the adulterers, who love each other with true love
upon beds as lofty and lengthy as ships;
I am securely and eternally surrounded by
this great respiratory and entangled forest
with huge flowers like mouths and teeth
and black roots shaped like fingernails and shoes.

RITUAL DE MIS PIERNAS

Largamente he permanecido mirando mis largas piernas,
con ternura infinita y curiosa, con mi acostumbrada pasión,
como si hubieran sido las piernas de una mujer divina
profundamente sumida en el abismo de mi tórax:
y es que la verdad cuando el tiempo, el tiempo pasa
sobre la tierra, sobre el techo, sobre mi impura cabeza,
y pasa, el tiempo pasa, y en mi lecho no siento de noche que una
        mujer está respirando, durmiendo desnuda y a mi lado,
entonces extrañas, oscuras cosas toman el lugar de la ausente,
viciosos, melancólicos pensamientos
siembran pesadas posibilidades en mi dormitorio,
y así, pues, miro mis piernas como si pertenecieran a
        otro cuerpo,
y fuerte y dulcemente estuvieran pegadas a mis entrañas.

Como tallos o femeninas, adorables cosas,
desde las rodillas suben, cilíndricas y espesas,
con turbado y compacto material de existencia:
como brutales, gruesos brazos de diosa,
como árboles monstruosamente vestidos de seres humanos,
como fatales, inmensos labios sedientos y tranquilos,
son allí la mejor parte de mi cuerpo:
lo enteramente substancial, sin complicado contenido
de sentidos o tráqueas o intestinos o ganglios:
nada, sino lo puro, lo dulce y espeso de mi
        propia vida,
nada, sino la forma y el volumen existiendo,
guardando la vida, sin embargo, de una manera completa.

Las gentes cruzan el mundo en la actualidad
sin apenas recordar que poseen un cuerpo y en él la vida,
y hay miedo, hay miedo en el mundo de las palabras que designan
        el cuerpo,
y se habla favorablemente de la ropa,

RITUAL OF MY LEGS

For a long time I have stayed looking at my long legs,
with infinite and curious tenderness, with my accustomed passion,
as if they had been the legs of a divine woman,
deeply sunk in the abyss of my thorax:
and, to tell the truth, when time, when time passes
over the earth, over the roof, over my impure head,
and it passes, time passes, and in my bed I do not feel at night
    that a woman is breathing sleeping naked and at my side,
then strange, dark things take the place of the absent one,
vicious, melancholy thoughts
sow heavy possibilities in my bedroom,
and so, then, I look at my legs as if they belonged to
    another body
and were stuck strongly and gently to my insides.

Like stems or feminine adorable things,
from the knees they rise, cylindrical and thick, .
with a disturbed and compact material of existence:
like brutal, thick goddess arms,
like trees monstrously dressed as human beings,
like fatal, immense lips thirsty and tranquil,
they are, there, the best part of my body:
the entirely substantial part, without complicated content
of senses or tracheas or intestines or ganglia:
nothing but the pure, the sweet, and the thick part of my
    own life,
nothing but form and volume existing,
guarding life, nevertheless, in a complete way.

People cross through the world nowadays
scarcely remembering that they possess a body and life within it,
and there is fear, in the world there is fear of the words that
    designate the body,
and one talks favorably of clothes,

de pantalones es posible hablar, de trajes,
y de ropa interior de mujer (de medias y ligas de "señora"),
como si por las calles fueran las prendas y los trajes vacíos por
    completo
y un oscuro y obsceno guardarropas ocupara el mundo.

Tienen existencia los trajes, color, forma, designio,
y profundo lugar en nuestros mitos, demasiado lugar,
demasiados muebles y demasiadas habitaciones hay en
    el mundo
y mi cuerpo vive entre y bajo tantas cosas abatido,
con un pensamiento fijo de esclavitud y de cadenas.

Bueno, mis rodillas, como nudos,
particulares, funcionarios, evidentes,
separan las mitades de mis piernas en forma seca:
y en realidad dos mundos diferentes, dos sexos diferentes
no son tan diferentes como las dos mitades de mis piernas.

Desde la rodilla hasta el pie una forma dura,
mineral, fríamente útil, aparece,
una criatura de hueso y persistencia,
y los tobillos no son ya sino el propósito desnudo,
la exactitud y lo necesario dispuestos en definitiva.

Sin sensualidad, cortas y duras, y masculinas,
son allí mis piernas, y dotadas
de grupos musculares como animales complementarios,
y allí también una vida, una sólida, sutil, aguda vida
sin temblar permanece, aguardando y actuando.

En mis pies cosquillosos,
y duros como el sol, y abiertos como flores,
y perpetuos, magníficos soldados
en la guerra gris del espacio,
todo termina, la vida termina definitivamente en mis pies,

it is possible to speak of trousers, of suits,
and of women's underwear (of "ladies'" stockings and garters)
as if the articles and the suits went completely empty through
    the streets
and a dark and obscene clothes closet occupied the world.

Suits have existence, color, form, design,
and a profound place in our myths, too much of a place,
there is too much furniture and there are too many rooms in
    the world
and my body lives downcast among and beneath so many things,
with an obsession of slavery and chains.

Well, my knees, like knots,
private, functional, evident,
separate neatly the halves of my legs:
and really two different worlds, two different sexes
are not so different as the two halves of my legs.

From the knee to the foot a hard form,
mineral, coldly useful, appears,
a creature of bone and persistence,
and the ankles are now nothing but the naked purpose,
exactitude and necessity definitively disposed.

Without sensuality, short and hard, and masculine,
my legs exist, there, and endowed
with muscular groups like complementary animals,
and there too a life, a solid, subtle, sharp life
endures without trembling, waiting and performing.

At my feet ticklish
and hard like the sun, and open like flowers,
and perpetual, magnificent soldiers
in the gray war of space,
everything ends, life definitively ends at my feet,

lo extranjero y lo hostil allí comienza:
los nombres del mundo, lo fronterizo y lo remoto,
lo sustantivo y lo adjetivo que no caben en mi corazón
con densa y fría constancia allí se originan.

Siempre,
productos manufacturados, medias, zapatos,
o simplemente aire infinito,
habrá entre mis pies y la tierra
extremando lo aislado y lo solitario de mi ser,
algo tenazmente supuesto entre mi vida y la tierra,
algo abiertamente invencible y enemigo.

what is foreign and hostile begins there:
the names of the world, the frontier and the remote,
the substantive and the adjectival too great for my heart
originate there with dense and cold constancy.

Always,
manufactured products, socks, shoes,
or simply infinite air,
there will be between my feet and the earth
stressing the isolated and solitary part of my being,
something tenaciously involved between my life and the earth,
something openly unconquerable and unfriendly.

EL FANTASMA DEL BUQUE DE CARGA

Distancia refugiada sobre tubos de espuma,
sal en rituales olas y órdenes definidos,
y un olor y rumor de buque viejo,
de podridas maderas y hierros averiados,
y fatigadas máquinas que aúllan y lloran
empujando la proa, pateando los costados,
mascando lamentos, tragando y tragando distancias,
haciendo un ruido de agrias aguas sobre las agrias aguas,
moviendo el viejo buque sobre las viejas aguas.

Bodegas interiores, túneles crepusculares
que el día intermitente de los puertos visita:
sacos, sacos que un dios sombrío ha acumulado
como animales grises, redondos y sin ojos,
con dulces orejas grises,
y vientres estimables llenos de trigo o copra,
sensitivas barrigas de mujeres encinta,
pobremente vestidas de gris, pacientemente
esperando en la sombra de un doloroso cine.

Las aguas exteriores de repente
se oyen pasar, corriendo como un caballo opaco,
con un ruido de pies de caballo en el agua,
rápidas, sumergiéndose otra vez en las aguas.
Nada más hay entonces que el tiempo en las cabinas:
el tiempo en el desventurado comedor solitario,
inmóvil y visible como una gran desgracia.
Olor de cuero y tela densamente gastados,
y cebollas, y aceite, y aún más,
olor de alguien flotando en los rincones del buque,
olor de alguien sin nombre

THE GHOST OF THE CARGO BOAT

Distance sheltered upon tubes of foam,
salt in ritual waves and defined orders,
and the smell and murmur of an old ship,
of rotten planks and broken tools,
and weary machines that howl and weep,
pushing the prow, kicking the sides,
chewing laments, swallowing, swallowing distances,
making a noise of bitter waters upon the bitter waters,
moving the ancient ship upon the ancient waters.

Inner vaults, twilight tunnels
visited by the intermittent day of the ports:
sacks, sacks accumulated by a somber god,
like gray animals, round and eyeless,
with sweet gray ears,
and estimable bellies filled with wheat or copra,
sensitive paunches of pregnant women
shabbily dressed in gray, patiently
waiting in the shadow of a dreary movie house.

The outer waters suddenly
are heard passing, running like an opaque horse,
with a noise of horsehoofs on the water,
swift, plunging again into the waters.
There is then nothing more than time in the cabins:
time in the ill-fated solitary dining room,
motionless and visible like a great misfortune.
The smell of leather and cloth worn to shreds,
and onions, and olive oil, and even more,
the smell of someone floating in the corners of the ship,
the smell of someone nameless

79

que baja como una ola de aire las escalas,
y cruza corredores con su cuerpo ausente,
y observa con sus ojos que la muerte preserva.

Observa con sus ojos sin color, sin mirada,
lento, y pasa temblando, sin presencia ni sombra:
los sonidos lo arrugan, las cosas lo traspasan,
su transparencia hace brillar las sillas sucias.
Quién es ese fantasma sin cuerpo de fantasma,
con sus pasos livianos como harina nocturna
y su voz que sólo las cosas patrocinan?
Los muebles viajan llenos de su ser silencioso
como pequeños barcos dentro del viejo barco,
cargados de su ser desvanecido y vago:
los roperos, las verdes carpetas de las mesas,
el color de las cortinas y del suelo,
todo ha sufrido el lento vacío de sus manos,
y su respiración ha gastado las cosas.

Se desliza y resbala, desciende, transparente,
aire en el aire frío que corre sobre el buque,
con sus manos ocultas se apoya en las barandas
y mira el mar amargo que huye detrás del buque.
Solamente las aguas rechazan su influencia,
su color y su olor de olvidado fantasma,
y frescas y profundas desarrollan su baile
como vidas de fuego, como sangre o perfume,
nuevas y fuertes surgen, unidas y reunidas.

Sin gastarse las aguas, sin costumbre ni tiempo,
verdes de cantidad, eficaces y frías,
tocan el negro estómago del buque y su materia
lavan, sus costras rotas, sus arrugas de hierro:
roen las aguas vivas la cáscara del buque,
traficando sus largas banderas de espuma
y sus dientes de sal volando en gotas.

who comes down the ladders like a wave of air,
and crosses through corridors with his absent body,
and observes with his eyes preserved by death.

He observes with his colorless, sightless eyes,
slowly, and he passes trembling, without presence or shadow:
noises wrinkle him, things pierce him,
his transparency makes the dirty chairs gleam.
Who is that ghost without a ghostly body,
with his steps light as nocturnal flour
and his voice sponsored only by things?
The furniture moves along filled with his silent being
like little ships inside the old ship,
laden with his faint and uncertain being:
the closets, the green covers of the tables,
the color of the curtains and the floor,
everything has suffered the slow emptiness of his hands,
and his breathing has wasted things away.

He slides and slips, he descends transparent,
air in the cold air that runs across the ship,
with his hidden hands he leans against the railings
and looks at the angry sea that flees behind the ship.
Only the waters reject his influence,
his color and his smell of forgotten ghost,
and fresh and deep they develop their dance
like fiery lives, like blood or perfume,
new and strong they surge, joined and rejoined.

The waters, inexhaustible, without custom or time,
green in quantity, efficient and cold,
touch the black stomach of the ship and wash
its matter, its broken crusts, its iron wrinkles:
the living waters gnaw at the ship's shell,
trafficking its long banners of foam
and its salt teeth flying in drops.

Mira el mar el fantasma con su rostro sin ojos:
el círculo del día, la tos del buque, un pájaro
en la ecuación redonda y sola del espacio,
y desciende de nuevo a la vida del buque
cayendo sobre el tiempo muerto y la madera,
resbalando en las negras cocinas y cabinas,
lento de aire y atmósfera y desolado espacio.

The ghost looks at the sea with his eyeless face:
the circle of the day, the cough of the ship, a bird
in the round and solitary equation of space,
and he descends again to the life of the ship,
falling upon dead time and wood,
slipping in the black kitchens and cabins,
slow with air and atmosphere and desolate space.

TANGO DEL VIUDO

Oh maligna, ya habrás hallado la carta, ya habrás
    llorado de furia,
y habrás insultado el recuerdo de mi madre,
llamándola perra podrida y madre de perros,
ya habrás bebido sola, solitaria, el té del artardecer
mirando mis viejos zapatos vacíos para siempre,
y ya no podrás recordar mis enfermedades, mis sueños
    nocturnos, mis comidas,
sin maldecirme en voz alta como si estuviera allí aún
quejándome del trópico, de los *coolíes corringhis*,
de las venenosas fiebres que me hicieron tanto daño
y de los espantosos ingleses que odio todavía.

Maligna, la verdad, qué noche tan grande, qué tierra tan sola!
He llegado otra vez a los dormitorios solitarios,
a almorzar en los restaurantes comida fría, y otra vez
tiro al suelo los pantalones y las camisas,
no hay perchas en mi habitación, ni retratos de nadie
    en las paredes.
Cuánta sombra de la que hay en mi alma daría por
    recobrarte,
y qué amenazadores me parecen los nombres de los meses,
y la palabra invierno qué sonido de tambor lúgubre tiene.

Enterrado junto al cocotero hallarás más tarde
el cuchillo que escondí allí por temor de que me mataras,
y ahora repentinamente quisiera oler su acero de cocina
acostumbrado al peso de tu mano y al brillo de tu pie:
bajo la humedad de la tierra, entre las sordas raíces,
de los lenguajes humanos el pobre sólo sabría
      tu nombre,

THE WIDOWER'S TANGO*

Oh evil one, you must by now have found the letter, you must
    have wept with fury,
and you must have insulted my mother's memory,
calling her rotten bitch and mother of dogs,
you must have drunk alone, all by yourself, your twilight tea,
looking at my old shoes forever empty,
and you won't be able any longer to recall my illnesses, my
    night dreams, my meals,
without cursing me aloud as if I were still there,
complaining about the tropics, about the *corringhis* coolies,
about the poisonous fevers that did me so much harm,
and about the frightful Englishmen that I still hate.

Evil one, really, what an enormous night, what a lonely earth!
I have come again to the solitary bedrooms,
to lunch on cold food in the restaurants, and again
I throw my trousers and shirts upon the floor,
there are no coat hangers in my room, no pictures of anyone
    on the walls.
How much of the darkness in my soul I would give to get
    you back,
and how threatening to me seem the names of the months,
and the word "winter," what a mournful drum sound it has.

Buried next to the cocoanut tree you will later find
the knife that I hid there for fear that you would kill me,
and now suddenly I should like to smell its kitchen steel
accustomed to the weight of your hand and the shine of your foot:
under the moisture of the earth, among the deaf roots,
of all human languages the poor thing would know only
    your name,

---

*Neruda was a widower only to the extent that he thought he had escaped
from Josie Bliss, the Burmese girl to whom this poem is addressed. See also
p. 206.—D.D.W.

y la espesa tierra no comprende tu nombre
hecho de impenetrables substancias divinas.

Así como me aflige pensar en el claro día de tus piernas
recostadas como detenidas y duras aguas solares,
y la golondrina que durmiendo y volando vive en tus ojos,
y el perro de furia que asilas en el corazón,
así también veo las muertes que están entre nosotros desde ahora,
y respiro en el aire la ceniza y lo destruido,
el largo, solitario espacio que me rodea para siempre.

Daría este viento de mar gigante por tu brusca respiración
oída en largas noches sin mezcla de olvido,
uniéndose a la atmósfera como el látigo a la piel del caballo.
Y por oírte orinar, en la oscuridad, en el fondo de
        la casa,
como vertiendo una miel delgada, trémula, argentina, obstinada,
cuántas veces entregaría este coro de sombras que
        poseo,
y el ruido de espadas inútiles que se oye en mi alma,
y la paloma de sangre que está solitaria en mi frente
llamando cosas desaparecidas, seres desaparecidos,
substancias extrañamente inseparables y perdidas.

and the thick earth does not understand your name
made of impenetrable and divine substances.

Just as it afflicts me to think of the clear day of your legs
curled up like still and harsh solar waters,
and the swallow that sleeping and flying lives in your eyes,
and the furious dog that you shelter in your heart,
so too I see the deaths that are between us from now on,
and I breathe in the air ashes and destruction,
the long, solitary space that surrounds me forever.

I would give this giant sea wind for your brusque breath
heard in long nights with no mixture of oblivion,
merging with the atmosphere like the whip with the horse's hide.
And to hear you making water in the darkness, at the back of
    the house,
as if spilling a thin, tremulous, silvery, persistent honey,
how many times would I give up this chorus of shadows that
    I possess,
and the noise of useless swords that is heard in my heart,
and the bloody dove that sits alone on my brow
calling for vanished things, vanished beings,
substances strangely inseparable and lost.

IV

CANTARES

La parracial rosa devora
y sube a la cima del santo:
con espesas garras sujeta
el tiempo al fatigado ser:
hincha y sopla en las venas duras,
ata el cordel pulmonar, entonces
largamente escucha y respira.

Morir deseo, vivir quiero,
herramienta, perro infinito,
movimiento de océano espeso
con vieja y negra superficie.

Para quién y a quién en la sombra
mi gradual guitarra resuena
naciendo en la sal de mi ser
como el pez en la sal del mar?

Ay, qué continuo país cerrado,
neutral, en la zona del fuego,
inmóvil, en el giro terrible,
seco, en la humedad de las cosas.

Entonces, entre mis rodillas,
bajo la raíz de mis ojos,
prosigue cosiendo mi alma:
su aterradora aguja trabaja.

Sobrevivo en medio del mar,
solo y tan locamente herido,
tan solamente persistiendo,
heridamente abandonado.

IV

SONGS

The parracial rose devours
and climbs to the peak of the saint:
with thick claws it fastens
time to the wearied being:
it swells and blows in the hard veins,
it ties the pulmonary cord, then
lengthily it listens and breathes.

I wish to die, I want to live,
tool, infinite dog,
thick ocean movement
with an old and black surface.

For whom and to whom in the shadow
does my gradual guitar resound,
being born in the salt of my being
like the fish in the salt of the sea?

Ah, what a continuous closed country,
neutral, in the zone of fire,
motionless, in the terrible spinning,
dry, in the moistness of things.

Then, between my knees,
beneath the root of my eyes,
my soul pursues its sewing:
its terrifying needle at work.

I survive in the midst of the sea,
alone and so crazily wounded,
so solely persisting,
woundedly abandoned.

TRABAJO FRÍO

Dime, del tiempo, resonando
en tu esfera parcial y dulce,
no oyes acaso el sordo gemido?

No sientes de lenta manera,
en trabajo trémulo y ávido,
la insistente noche que vuelve?

Secas sales y sangres aéreas,
atropellado correr de ríos,
temblando el testigo constata.

Aumento oscuro de paredes,
crecimiento brusco de puertas,
delirante población de estímulos,
circulaciones implacables.

Alrededor, de infinito modo,
en propaganda interminable,
de hocico armado y definido,
el espacio hierve y se puebla.

No oyes la constante victoria,
en la carrera de los seres,
del tiempo, lento como el fuego,
seguro y espeso y hercúleo,
acumulando su volumen
y añadiendo su triste hebra?

Como una planta perpetua, aumenta
su delgado y pálido hilo,
mojado de gotas que caen
sin sonido, en la soledad.

COLD WORK

Tell me, of time, resounding
in your partial and gentle sphere,
do you not hear perhaps the muffled moan?

Do you not feel in slow fashion,
in tremulous and avid work,
the insistent night returning?

To dry salts and airy bloods,
to headlong rush of rivers,
the trembling witness testifies.

Dark increase of walls,
brusque growth of doors,
delirious population of stimuli,
implacable circulations.

Roundabout, infinitely,
in interminable propaganda,
with armed and defined snout,
space seethes and peoples itself.

Do you not hear the constant victory,
in the human footrace,
of time, slow as fire,
sure and thick and Herculean,
accumulating its volume
and adding its sad fiber?

Like a perpetual plant, its thin
and pallid thread increases,
soaked by drops that fall,
soundless, in solitude.

SIGNIFICA SOMBRAS

Qué esperanza considerar, qué presagio puro,
qué definitivo beso enterrar en el corazón,
someter en los orígenes del desamparo y la inteligencia,
suave y seguro sobre las aguas eternamente turbadas?

Qué vitales, rápidas alas de un nuevo ángel de sueños
instalar en mis hombros dormidos para seguridad perpetua,
de tal manera que el camino entre las estrellas de la muerte
sea un violento vuelo comenzado desde hace muchos días y meses
    y siglos?

Tal vez la debilidad natural de los seres recelosos y ansiosos
busca de súbito permanencia en el tiempo y límites en la tierra,
tal vez las fatigas y las edades acumuladas implacablemente
se extiendan como la ola lunar de un océano recién creado
sobre litorales y tierras angustiosamente desiertas.

Ay, que lo que soy siga existiendo y cesando de existir,
y que mi obediencia se ordene con tales condiciones de hierro
que el temblor de las muertes y de los nacimientos no conmueva
el profundo sitio que quiero reservar para mí eternamente.

Sea, pues, lo que soy, en alguna parte y en todo tiempo,
establecido y asegurado y ardiente testigo,
cuidadosamente destruyéndose y preservándose incesantemente,
evidentemente empeñado en su deber original.

IT MEANS SHADOWS

How silly to think about it, what pure omen,
what a definitive kiss to bury in the heart,
to yield in the origins of helplessness and intelligence,
soft and safe upon the eternally troubled waters?

What vital, rapid wings of a new angel of dreams
to lay upon my sleeping shoulders for perpetual safety,
in such a way that the road among the stars of death
shall be a violent flight begun many days and months and
      centuries ago?

Perhaps the natural weakness of suspicious and anxious beings
suddenly seeks permanence in time and limits on earth,
perhaps the tediums and the ages implacably accumulated
extend like the lunar wave of an ocean newly created
upon shores and lands grievously deserted.

Ah, let what I am go on existing and ceasing to exist,
and let my obedience be ordered with such iron conditions
that the tremor of deaths and of births will not trouble
the deep place that I wish to keep for myself eternally.

Let what I am, then, be, in some place and in every time,
an established and assured and ardent witness,
carefully destroying himself and preserving himself incessantly,
clearly insistent upon his original duty.

RESIDENCE II   1931-35
(Residencia II)

I

UN DÍA SOBRESALE

De lo sonoro salen números,
números moribundos y cifras con estiércol,
rayos humedecidos y relámpagos sucios.

De lo sonoro, creciendo, cuando
la noche sale sola, como reciente viuda,
como paloma o amapola o beso,
y sus maravillosas estrellas se dilatan.

En lo sonoro la luz se verifica:
las vocales se inundan, el llanto cae en pétalos,
un viento de sonidos como una ola retumba,
brilla y peces de frío y elástico la habitan.

Peces en el sonido, lentos, agudos, húmedos,
arqueadas masas de oro con gotas en la cola,
tiburones de escama y espuma temblorosa,
salmones azulados de congelados ojos.

Herramientas que caen, carretas de legumbres,
rumores de racimos aplastados,
violines llenos de agua, detonaciones frescas,
motores sumergidos y polvorienta sombra,
fábricas, besos,
botellas palpitantes,
gargantas,

I

ONE DAY STANDS OUT

From resonance come numbers,
dying numbers and dung-covered ciphers,
dampened thunderbolts and dirty lightningflashes.

From resonance, growing, when
night comes out alone, like a recent widow,
like a dove or a poppy or a kiss,
and her marvelous stars expand.

In resonance light takes place:
vowels are drowned, weeping falls in petals,
a wind of sounds crashes like a wave,
it shines and cold elastic fishes dwell within it.

Fishes in sound, slow, sharp, moist,
arched masses of gold with drops on their tails,
scaly sharks and trembling foam,
bluish salmon with congealed eyes.

Tools that fall, vegetable carts,
rustles of trampled flower clusters,
violins filled with water, fresh explosions,
submerged motors and dusty shadow,
factories, kisses,
throbbing bottles,
throats,

97

en torno a mí la noche suena,
el día, el mes, el tiempo,
sonando como sacos de campanas mojadas
o pavorosas bocas de sales quebradizas.

Olas del mar, derrumbes,
uñas, pasos del mar,
arrolladas corrientes de animales deshechos,
pitazos en la niebla ronca
deciden los sonidos de la dulce aurora
despertando en el mar abandonado.

A lo sonoro el alma rueda
cayendo desde sueños,
rodeada aún por sus palomas negras,
todavía forrada por sus trapos de ausencia.

A lo sonoro el alma acude
y sus bodas veloces celebra y precipita.

Cáscaras del silencio, de azul turbio,
como frascos de oscuras farmacias clausuradas,
silencio envuelto en pelo,
silencio galopando en caballos sin patas,
y máquinas dormidas, y velas sin atmósfera,
y trenes de jazmín desalentado y cera,
y agobiados buques llenos de sombras y sombreros.

Desde el silencio sube el alma
con rosas instantáneas,
y en la mañana del día se desploma,
y se ahoga de bruces en la luz que suena.

Zapatos bruscos, bestias, utensilios,
olas de gallos duros derramándose,
relojes trabajando como estómagos secos,

around me sounds the night,
the day, the month, the time,
sounding like sacks of wet bells,
or frightening mouths of fragile salts.

Sea waves, landslides,
fingernails, sea steps,
coiled currents of destroyed animals,
whistle blasts in the raucous fog
determine the sounds of the gentle dawn
waking in the abandoned sea.

To resonance the soul rolls
falling from dreams,
still surrounded by its black doves,
still lined with its rags of absence.

To resonance the soul rushes
and celebrates and hastens its swift wedding.

Husks of silence, of turbid blue,
like flasks from dark, shut drugstores,
silence wrapped in hair,
silence galloping on legless horses,
and machines asleep, and airless candles,
and trains of dejected jasmine and of wax,
and overladen ships filled with hats and shadows.

From silence the soul rises
with instant roses,
and in the morning of the day it collapses
and plummets into the sounding light.

Brusque shoes, beasts, utensils,
waves of harsh roosters overflowing,
clocks running like dry stomachs,

ruedas desenrollándose en rieles abatidos,
y water-closets blancos despertando
con ojos de madera, como palomas tuertas,
y sus gargantas anegadas
suenan de pronto como cataratas.

Ved cómo se levantan los párpados del moho
y se desencadena la cerradura roja
y la guirnalda desarrolla sus asuntos,
cosas que crecen,
los puentes aplastados por los grandes tranvías
rechinan como camas con amores,
la noche ha abierto sus puertas de piano:
como un caballo el día corre en sus tribunales.

De lo sonoro sale el día
de aumento y grado,
y también de violetas cortadas y cortinas,
de extensiones, de sombra recién huyendo
y gotas que del corazón del cielo
caen como sangre celeste.

wheels unrolling on downcast rails,
and white water closets awaking
with wooden eyes, like one-eyed pigeons,
and their sunken throats
make sudden sounds like waterfalls.

See how the mold's eyelids lift
and the red lock is unchained
and the garland develops its affairs,
things that grow,
the bridges crushed by the big streetcars
creak like amatory beds,
night has opened its piano doors:
day runs like a horse in its courts.

From resonance comes the day
of increase and degree,
and also of cut violets and curtains,
of expanses, of shadow recently fleeing
and drops that from the heart of heaven
fall like celestial blood.

SÓLO LA MUERTE

Hay cementerios solos,
tumbas llenas de huesos sin sonido,
el corazón pasando un túnel
oscuro, oscuro, oscuro,
como un naufragio hacia adentro nos morimos,
como ahogarnos en el corazón,
como irnos cayendo desde la piel al alma.

Hay cadáveres,
hay pies de pegajosa losa fría,
hay la muerte en los huesos,
como un sonido puro,
como un ladrido sin perro,
saliendo de ciertas campanas, de ciertas tumbas,
creciendo en la humedad como el llanto o la lluvia.

Yo veo, solo, a veces,
ataúdes a vela
zarpar con difuntos pálidos, con mujeres de trenzas muertas,
con panaderos blancos como ángeles,
con niñas pensativas casadas con notarios,
ataúdes subiendo el río vertical de los muertos,
el río morado,
hacia arriba, con las velas hinchadas por el sonido
        de la muerte,
hinchadas por el sonido silencioso de la muerte.

A lo sonoro llega la muerte
como un zapato sin pie, como un traje sin hombre,
llega a golpear con un anillo sin piedras y sin dedo,
llega a gritar sin boca, sin lengua,
        sin garganta.
Sin embargo sus pasos suenan
y su vestido suena, callado, como un árbo

ONLY DEATH

There are lone cemeteries,
tombs filled with soundless bones,
the heart passing through a tunnel
dark, dark, dark;
like a shipwreck we die inward,
like smothering in our hearts,
like slowly falling from our skin down to our soul.

There are corpses,
there are feet of sticky, cold gravestone,
there is death in the bones,
like a pure sound,
like a bark without a dog,
coming from certain bells, from certain tombs,
growing in the dampness like teardrops or raindrops.

I see alone, at times,
coffins with sails
weighing anchor with pale corpses, with dead-tressed women,
with bakers white as angels,
with pensive girls married to notaries,
coffins going up the vertical river of the dead,
the dark purple river,
upstream, with the sails swollen by the sound
        of death,
swollen by the silent sound of death.

To resonance comes death
like a shoe without a foot, like a suit without a man,
she comes to knock with a stoneless and fingerless ring,
she comes to shout without mouth, without tongue,
        without throat.
Yet her steps sound
and her dress sounds, silent, like a tree.

Yo no sé, yo conozco poco, yo apenas veo,
pero creo que su canto tiene color de violetas húmedas,
de violetas acostumbradas a la tierra,
porque la cara de la muerte es verde,
y la mirada de la muerte es verde,
con la aguda humedad de una hoja de violeta
y su grave color de invierno exasperado.

Pero la muerte va también por el mundo vestida de escoba,
lame el suelo buscando difuntos,
la muerte está en la escoba,
es la lengua de la muerte buscando muertos,
es la aguja de la muerte buscando hilo.

La muerte está en los catres:
en los colchones lentos, en las frazadas negras
vive tendida, y de repente sopla:
sopla un sonido oscuro que hincha sábanas,
y hay camas navegando a un puerto
en donde está esperando, vestida de almirante.

I know little, I am not well acquainted, I can scarcely see,
but I think that her song has the color of moist violets,
of violets accustomed to the earth,
because the face of death is green,
and the gaze of death is green,
with the sharp dampness of a violet leaf
and its dark color of exasperated winter.

But death also goes through the world dressed as a broom,
she licks the ground looking for corpses,
death is in the broom,
it is death's tongue looking for dead bodies,
it is death's needle looking for thread.

Death is in the folding cots:
in the slow mattresses, in the black blankets
she lives stretched out, and she suddenly blows:
she blows a dark sound that swells the sheets,
and there are beds sailing to a port
where she is waiting, dressed as an admiral.

BARCAROLA

Si solamente me tocaras el corazón,
si solamente pusieras tu boca en mi corazón,
tu fina boca, tus dientes,
si pusieras tu lengua como una flecha roja
allí donde mi corazón polvoriento golpea,
si soplaras en mi corazón, cerca del mar, llorando,
sonaría con un ruido oscuro, con sonido de ruedas
        de tren con sueño,
como aguas vacilantes,
como el otoño en hojas,
como sangre,
con un ruido de llamas húmedas quemando el cielo,
sonando como sueños o ramas o lluvias,
o bocinas de puerto triste,
si tú soplaras en mi corazón, cerca del mar,
como un fantasma blanco,
al borde de la espuma,
en mitad del viento,
como un fantasma desencadenado, a la orilla del mar, llorando.

Como ausencia extendida, como campana súbita,
el mar reparte el sonido del corazón,
lloviendo, atardeciendo, en una costa sola:
la noche cae sin duda,
y su lúgubre azul de estandarte en naufragio
se puebla de planetas de plata enronquecida.

Y suena el corazón como un caracol agrio,
llama, oh mar, oh lamento, oh derretido espanto
esparcido en desgracias y olas desvencijadas:
de lo sonoro el mar acusa
sus sombras recostadas, sus amapolas verdes.

BARCAROLE

If only you would touch my heart,
if only you would put your mouth on my heart,
your delicate mouth, your teeth,
if you would put your tongue like a red arrow
there where my dusty heart beats,
if you would blow on my heart, near the sea, weeping,
it would sound with a dark noise, with the sound
    of sleepy train wheels,
like wavering waters,
like a leafy autumn,
like blood,
with a noise of moist flames burning the sky,
sounding like dreams or branches or rains,
or foghorns in a dreary port,
if you would blow on my heart, near the sea,
like a white ghost,
at the edge of the foam,
in the midst of the wind,
like an unchained ghost, at the edge of the sea, weeping.

Like an extended absence, like a sudden bell,
the sea spreads the sound of the heart,
raining, at nightfall, on a lonely coast:
night doubtless falls,
and its mournful shipwrecked-banner blue
peoples itself with planets of hoarse silver.

And the heart sounds like a sour snail,
call, oh sea, oh lament, oh melted fright
scattered in misfortunes and rickety waves:
from resonance the sea reveals
its recumbent shadows, its green poppies.

Si existieras de pronto, en una costa lúgubre,
rodeada por el día muerto,
frente a una nueva noche,
llena de olas,
y soplaras en mi corazón de miedo frío,
soplaras en la sangre sola de mi corazón,
soplaras en su movimiento de paloma con llamas,
sonarían sus negras sílabas de sangre,
crecerían sus incesantes aguas rojas,
y sonaría, sonaría a sombras,
sonaría como la muerte,
llamaría como un tubo lleno de viento o llanto,
o una botella echando espanto a borbotones.

Así es, y los relámpagos cubrirían tus trenzas
y la lluvia entraría por tus ojos abiertos
a preparar el llanto que sordamente encierras,
y las alas negras del mar girarían en torno
de ti, con grandes garras, y graznidos, y vuelos.

Quieres ser el fantasma que sople, solitario,
cerca del mar su estéril, triste instrumento?
Si solamente llamaras,
su prolongado son, su maléfico pito,
su orden de olas heridas,
alguien vendría acaso,
alguien vendría,
desde las cimas de las islas, desde el fondo rojo del mar,
alguien vendría, alguien vendría.

Alguien vendría, sopla con furia,
que suene como sirena de barco roto,
como lamento,
como un relincho en medio de la espuma y la sangre,
como un agua feroz mordiéndose y sonando.

If you suddenly existed, on a gloomy coast,
surrounded by the dead day,
facing a new night,
filled with waves,
and if you blew on my heart cold with fear,
if you blew on the lonely blood of my heart,
if you blew on its flaming dove movement,
its black bloody syllables would sound,
its incessant red waters would swell,
and it would sound, sound of shadows,
sound like death,
it would call like a tube filled with wind or weeping,
or a bottle squirting fright in spurts.

So it is, and the lightning would cover your tresses
and the rain would enter through your open eyes
to prepare the weeping that you silently enclose,
and the black wings of the sea would wheel around
you, with great claws, and croakings, and flights.

Do you want to be the solitary ghost that near the sea
plays upon its sad and sterile instrument?
If only you would call,
its prolonged sound, its malevolent whistle,
its arrangement of wounded waves,
someone would perhaps come,
someone would come,
from the peaks of the islands, from the red depths of the sea,
someone would come, someone would come.

Somebody would come; play furiously,
let it sound like the siren of a broken boat,
like a lament,
like a whinny in the midst of the foam and the blood,
like a ferocious water gnashing and echoing.

En la estación marina
su caracol de sombra circula como un grito,
los pájaros del mar lo desestiman y huyen,
sus listas de sonido, sus lúgubres barrotes
se levantan a orillas del océano solo.

In the sea season
its snail of shadow circles like a shout,
the sea birds belittle it and fly away,
its roll call of sounds, its mournful crosspieces,
rise on the shore of the solitary sea.

EL SUR DEL OCÉANO

De consumida sal y garganta en peligro
están hechas las rosas del océano solo,
el agua rota sin embargo,
y pájaros temibles,
y no hay sino la noche acompañada
del día, y el día acompañado
de un refugio, de una
pezuña, del silencio.

En el silencio crece el viento
con su hoja única y su flor golpeada,
y la arena que tiene sólo tacto y silencio,
no es nada, es una sombra,
una pisada de caballo vago,
no es nada sino una ola que el tiempo ha recibido,
porque todas las aguas van a los ojos fríos
del tiempo que debajo del océano mira.

Ya sus ojos han muerto de agua muerta y palomas,
y son dos agujeros de latitud amarga
por donde entran los peces de ensangrentados dientes
y las ballenas buscando esmeraldas,
y esqueletos de pálidos caballeros deshechos
por las lentas medusas, y además
varias asociaciones de arrayán venenoso,
manos aisladas, flechas,
revólveres de escama,
interminablemente corren por sus mejillas
y devoran sus ojos de sal destituida.

Cuando la luna entrega sus naufragios,
sus cajones, sus muertos
cubiertos de amapolas masculinas,
cuando en el saco de la luna caen

THE SOUTHERN OCEAN

Of emaciated salt and imperiled throat
are made the roses of the solitary sea,
the water broken nonetheless,
and fearful birds,
and there is only night accompanied
by day, and day accompanied
by a shelter, by a
hoof, by silence.

In the silence the wind grows
with its single leaf and its battered flower,
and the sand that has only touch and silence,
it is nothing, it is a shadow,
the tread of a wandering horse,
it is nothing but a wave that time has received,
because all the waters go to the cold eyes
of time that watches beneath the ocean.

Its eyes have already died of dead water and doves,
and they are two holes of bitter breadth
through which enter fish with blood-stained teeth
and whales seeking emeralds,
and skeletons of pale horsemen undone
by the slow jellyfish, and besides
various societies of poisonous myrtle,
isolated hands, arrows,
scaly revolvers,
interminably run along its cheeks
and devour its eyes of dismissed salt.

When the moon delivers up its shipwrecks,
its boxes, its dead
covered with male poppies,
when into the moon sack fall

los trajes sepultados en el mar
con sus largos tormentos, sus barbas derribadas,
sus cabezas que el agua y el orgullo pidieron para siempre,
en la extensión se oyen caer rodillas
hacia el fondo del mar traídas por la luna
en su saco de piedra gastado por las lágrimas
y por las mordeduras de pescados siniestros.

Es verdad, es la luna descendiendo
con crueles sacudidas de esponja, es, sin embargo,
la luna tambaleando entre las madrigueras,
la luna carcomida por los gritos del agua,
los vientres de la luna, sus escamas
de acero despedido: y desde entonces
al final del Océano desciende,
azul y azul, atravesada por azules,
ciegos azules de materia ciega,
arrastrando su cargamento corrompido,
buzos, maderas, dedos,
pescadora de la sangre que en las cimas del mar
ha sido derramada por grandes desventuras.

Pero hablo de una orilla, es allí donde azota
el mar con furia y las olas golpean
los muros de ceniza. Qué es esto? Es una sombra?
No es la sombra, es la arena de la triste república,
es un sistema de algas, hay alas, hay
un picotazo en el pecho del cielo:
oh superficie herida por las olas,
oh manantial del mar,
si la lluvia asegura tus secretos, si el viento interminable
mata los pájaros, si solamente el cielo,
sólo quiero morder tus costas y morirme,
sólo quiero mirar la boca de las piedras
por donde los secretos salen llenos de espuma.

the suits buried in the sea
with their long torments, their demolished beards,
their heads that water and pride sought forever,
in the expanse knees are heard falling
toward the bottom of the sea, knees brought by the moon
in its stone sack worn away by tears
and by the bites of sinister fish.

It is true, it is the moon descending
with cruel sponge shakes, it is, nonetheless,
the moon staggering among the lairs,
the moon gnawed by the water's shouts,
the bellies of the moon, its scales
of discharged steel: and from then on
at the end of the Ocean it descends,
blue and blue, pierced by blues,
blind blues of blind substance,
dragging its corrupted cargo,
divers, planks, fingers,
fisher of the blood that at the peaks of the sea
has been spilt by great misfortunes.

But I speak of a shore, it is there that the sea
lashes with fury and the waves smash
the ashen walls. What is this? Is it a shadow?
It is not the shadow, it is the sand of the sad republic,
it is an arrangement of seaweed, there are wings, there is
a pecking at the breast of heaven:
oh surface wounded by the waves,
oh fountain of the sea,
if the rain assures your secrets, if the interminable wind
kills the birds, if only the sky,
I want only to bite your coasts and die,
I want only to look at the mouths of the stones
through which the secrets emerge covered with foam.

Es una región sola, ya he hablado
de esta región tan sola,
donde la tierra está llena de océano,
y no hay nadie sino unas huellas de caballo,
no hay nadie sino el viento, no hay nadie
sino la lluvia que cae sobre las aguas del mar,
nadie sino la lluvia que crece sobre el mar.

It is a solitary region, I have already spoken
of this so solitary region,
where the earth is covered with ocean,
and there is no one but some hoofprints,
there is no one but the wind, there is no one
but the rain that falls upon the waters of the sea,
no one but the rain that grows upon the sea.

II

WALKING AROUND

Sucede que me canso de ser hombre.
Sucede que entro en las sastrerías y en los cines
marchito, impenetrable, como un cisne de fieltro
navegando en un agua de origen y ceniza.

El olor de las peluquerías me hace llorar a gritos.
Sólo quiero un descanso de piedras o de lana,
sólo quiero no ver establecimientos ni jardines,
ni mercaderías, ni anteojos, ni ascensores.

Sucede que me canso de mis pies y mis uñas
y mi pelo y mi sombra.
Sucede que me canso de ser hombre.

Sin embargo sería delicioso
asustar a un notario con un lirio cortado
o dar muerte a una monja con un golpe de oreja.
Sería bello
ir por las calles con un cuchillo verde
y dando gritos hasta morir de frío.

No quiero seguir siendo raíz en las tinieblas,
vacilante, extendido, tiritando de sueño,
hacia abajo, en las tripas mojadas de la tierra,
absorbiendo y pensando, comiendo cada día.

II

WALKING AROUND

I happen to be tired of being a man.
I happen to enter tailorshops and moviehouses
withered, impenetrable, like a felt swan
navigating in a water of sources and ashes.

The smell of barbershops makes me wail.
I want only a respite of stones or wool,
I want only not to see establishments or gardens,
or merchandise, or eyeglasses, or elevators.

I happen to be tired of my feet and my nails
and my hair and my shadow.
I happen to be tired of being a man.

Nevertheless it would be delightful
to startle a notary with a cut lily
or kill a nun with a blow to the ear.
It would be lovely
to go through the streets with a sexy knife
and shouting until I froze to death.

I don't want to go on being a root in the dark,
vacillating, stretched out, shivering with sleep,
downward, in the soaked guts of the earth,
absorbing and thinking, eating each day.

No quiero para mí tantas desgracias.
No quiero continuar de raíz y de tumba,
de subterráneo solo, de bodega con muertos
ateridos, muriéndome de pena.

Por eso el día lunes arde como el petróleo
cuando me ve llegar con mi cara de cárcel,
y aúlla en su transcurso como una rueda herida,
y da pasos de sangre caliente hacia la noche.

Y me empuja a ciertos rincones, a ciertas casas húmedas,
a hospitales donde los huesos salen por la ventana,
a ciertas zapaterías con olor a vinagre,
a calles espantosas como grietas.

Hay pájaros de color de azufre y horribles intestinos
colgando de las puertas de las casas que odio,
hay dentaduras olvidadas en una cafetera,
hay espejos
que debieran haber llorado de vergüenza y espanto,
hay paraguas en todas partes, y venenos, y ombligos.

Yo paseo con calma, con ojos, con zapatos,
con furia, con olvido,
paso, cruzo oficinas y tiendas de ortopedia,
y patios donde hay ropas colgadas de un alambre:
calzoncillos, toallas y camisas que lloran
lentas lágrimas sucias.

I do not want for myself so many misfortunes.
I do not want to continue as root and tomb,
just undergound, a vault with corpses
stiff with cold, dying of distress.

That is why Monday day burns like petroleum
when it sees me coming with my jailbird face,
and as it passes it howls like a wounded wheel,
and it takes hot-blooded steps toward the night.

And it pushes me into certain corners, into certain moist houses,
into hospitals where the bones stick out the windows,
into certain shoestores with a smell of vinegar,
into streets as frightening as chasms.

There are brimstone-colored birds and horrible intestines
hanging from the doors of the houses that I hate,
there are dentures left forgotten in a coffeepot,
there are mirrors
that ought to have wept from shame and fright,
there are umbrellas everywhere, and poisons, and navels.

I walk around with calm, with eyes, with shoes,
with fury, with forgetfulness,
I pass, I cross by offices and orthopedic shoestores,
and courtyards where clothes are hanging from a wire:
underdrawers, towels and shirts that weep
slow, dirty tears.

DESESPEDIENTE

La paloma está llena de papeles caídos,
su pecho está manchado por gomas y semanas,
por secantes más blancos que un cadáver
y tintas asustadas de su color siniestro.

Ven conmigo a la sombra de las administraciones,
al débil, delicado color pálido de los jefes,
a los túneles profundos como calendarios,
a la doliente rueda de mil páginas.

Examinemos ahora los títulos y las condiciones,
las actas especiales, los desvelos,
las demandas con sus dientes de otoño nauseabundo,
la furia de cenicientos destinos y tristes decisiones.

Es un relato de huesos heridos,
amargas circunstancias e interminables trajes,
y medias repentinamente serias.

Es la noche profunda, la cabeza sin venas
de donde cae el día de repente
como de una botella rota por un relámpago.

Son los pies y los relojes y los dedos
y una locomotora de jabón moribundo,
y un agrio cielo de metal mojado,
y un amarillo río de sonrisas.

Todo llega a la punta de dedos como flores,
y uñas como relámpagos, a sillones marchitos,
todo llega a la tinta de la muerte
y a la boca violeta de los timbres.

DISACTION

The dove is filled with spilt papers,
its breast is stained with erasers and weeks,
with blotting paper whiter than a corpse
and inks frightened by their sinister color.

Come with me to the shadow of administrations,
to the weak, delicate, pallid color of the chiefs,
to the tunnels deep as calendars,
to the doleful thousand-paged wheel.

Let us examine now the titles and the conditions,
the special affidavits, the vigils,
the petitions with their teeth of nauseous autumn,
the fury of ashen destinies and sad decisions.

It is a tale of wounded bones,
bitter circumstances and interminable clothes,
and stockings suddenly serious.

It is the dead of night, the veinless head
from which day suddenly falls
as if from a bottle broken by a lightningbolt.

They are the feet and the clocks and the fingers
and a locomotive of dying soap,
and a bitter sky of soaked metal,
and a yellow river of smiles.

Everything reaches the tips of fingers like flowers,
and fingernails like lightningbolts, withered armchairs,
everything reaches the ink of death
and the violet mouths of the tax stamps.

Lloremos la defunción de la tierra y el fuego,
las espadas, las uvas,
los sexos con sus duros dominios de raíces,
las naves del alcohol navegando entre naves
y el perfume que baila de noche, de rodillas,
arrastrando un planeta de rosas perforadas.

Con un traje de perro y una mancha en la frente
caigamos a la profundidad de los papeles,
a la ira de las palabras encadenadas,
a manifestaciones tenazmente difuntas,
a sistemas envueltos en amarillas hojas.

Rodad conmigo a las oficinas, al incierto
olor de ministerios, y tumbas, y estampillas.
Venid conmigo al día blanco que se muere
dando gritos de novia asesinada.

Let us weep for the death of earth and fire,
swords, grapes,
the sexes with their tough realms of roots,
the alcohol ships sailing among ships
and the perfume that dances at night, on its knees,
dragging behind a planet of perforated roses.

With dog's suits and stains on our brows
let us fall into the depths of the papers,
into the anger of enchained words,
into demonstrations tenaciously defunct,
into systems wrapped in yellow leaves.

Come with me to the offices, to the uncertain
smell of ministries, and tombs, and postage stamps.
Come with me to the white day that is dying
screaming like a murdered bride.

LA CALLE DESTRUIDA

Por el hierro injuriado, por los ojos del yeso
pasa una lengua de años diferentes
del tiempo. Es una cola
de ásperas crines, unas manos de piedra llenas de ira,
y el color de las casas enmudece, y estallan
las decisiones de la arquitectura,
un pie terrible ensucia los balcones:
con lentitud, con sombra acumulada,
con máscaras mordidas de invierno y lentitud,
se pasean los días de alta frente
entre casas sin luna.

El agua y la costumbre y el lodo blanco
que la estrella despide, y en especial
el aire que las campanas han golpeado con furia,
gastan las cosas, tocan
las ruedas, se detienen
en las cigarrerías,
y crece el pelo rojo en las cornisas
como un largo lamento, mientras a lo profundo
caen llaves, relojes,
flores asimiladas al olvido.

Dónde está la violeta recién parida? Dónde
la corbata y el virginal céfiro rojo?
Sobre las poblaciones
una lengua de polvo podrido se adelanta
rompiendo anillos, royendo pintura,
haciendo aullar sin voz las sillas negras,
cubriendo los florones de cemento, los baluartes
de metal destrozado,
el jardín y la lana, las ampliaciones de fotografías ardientes
heridas por la lluvia, la sed de las alcobas, y los grandes
carteles de los cines en donde luchan

THE DESTROYED STREET

Through the insulted iron, through the plaster eyes
passes a tongue of years different
from time. It is a tail
of harsh hairs, hands of stone filled with anger,
and the color of the houses is hushed, and architectural
decisions burst forth,
a terrible foot dirties the balconies:
slowly, with accumulated shadow,
with masks bitten by winter and slowness,
the lofty-browed days walk about
among moonless houses.

Water and custom and the white mud
that the star emits, and especially
the air that the bells have struck furiously,
exhaust things, touch
the wheels, stop
in cigar stores,
and the red hair grows in the cornices
like a long lament, while down to the depths
fall keys, clocks,
flowers resembling oblivion.

Where is the newborn violet? Where
the necktie and the virginal red zephyr?
Over the towns
a tongue of rotted dust advances,
breaking rings, gnawing painting,
making the black chairs howl voiceless,
covering the cement rosettes, the bulwarks
of shattered metal,
the garden and the wool, the enlargements of ardent photographs
wounded by the rain, the thirst of the bedrooms, and the huge
movie posters on which struggle

la pantera y el trueno,
las lanzas del geranio, los almacenes llenos de miel perdida,
la tos, los trajes de tejido brillante,
todo se cubre de un sabor mortal
a retroceso y humedad y herida.

Tal vez las conversaciones anudadas, el roce de los cuerpos,
la virtud de las fatigadas señoras que anidan en el humo,
los tomates asesinados implacablemente,
el paso de los caballos de un triste regimiento,
la luz, la presión de muchos dedos sin nombre
gastan la fibra plana de la cal,
rodean de aire neutro las fachadas
como cuchillos: mientras
el aire del peligro roe las circunstancias,
los ladrillos, la sal se derrama como agua
y los carros de gordos ejes tambalean.

Ola de rosas rotas y agujeros! Futuro
de la vena olorosa! Objetos sin piedad!
Nadie circule! Nadie abra los brazos
dentro del agua ciega!
Oh movimiento, oh nombre malherido,
oh cucharada de viento confuso
y color azotado! Oh herida en donde caen
hasta morir las guitarras azules!

the panther and the thunder,
the geranium's lances, the stores filled with spoiled honey,
the cough, the suits of shiny weave,
everything is covered with a mortal taste
of retreat and dampness and injury.

Perhaps the stifled conversations, the contact of bodies,
the virtue of the weary ladies who nest in the smoke,
the tomatoes implacably assassinated,
the passage of the horses of a sad regiment,
the light, the pressure of many nameless fingers
use up the flat fiber of the lime,
surround the facades with neutral air
like knives: while
the air of danger gnaws at circumstances,
bricks, salt spills like water
and the fat-axled wagons lurch.

Wave of broken roses and holes! Future
of the fragrant vein! Pitiless objects!
Let nobody wander about! Let nobody open his arms
within the blind water!
Oh movement, oh ill-wounded name,
oh spoonful of confused wind
and flogged color! Oh wound into which fall
to their deaths the blue guitars!

MELANCOLÍA EN LAS FAMILIAS

Conservo un frasco azul,
dentro de él una oreja y un retrato:
cuando la noche obliga
a las plumas del búho,
cuando el ronco cerezo
se destroza los labios y amenaza
con cáscaras que el viento del océano a menudo perfora,
yo sé que hay grandes extensiones hundidas,
cuarzo en lingotes,
cieno,
aguas azules para una batalla,
mucho silencio, muchas
vetas de retrocesos y alcanfores,
cosas caídas, medallas, ternuras,
paracaídas, besos.

No es sino el paso de un día hacia otro,
una sola botella andando por los mares,
y un comedor adonde llegan rosas,
un comedor abandonado
como una espina: me refiero
a una copa trizada, a una cortina, al fondo
de una sala desierta por donde pasa un río
arrastrando las piedras. Es una casa
situada en los cimientos de la lluvia,
una casa de dos pisos con ventanas obligatorias
y enredaderas estrictamente fieles.

Voy por las tardes, llego
lleno de lodo y muerte,
arrastrando la tierra y sus raíces,
y su vaga barriga en donde duermen
cadáveres con trigo,
metales, elefantes derrumbados.

MELANCHOLY IN THE FAMILIES

I keep a blue flask,
inside it an ear and a portrait:
when night forces
the owl's feathers,
when the raucous cherry tree
shatters its lips and threatens
with husks that the ocean wind often penetrates,
I know that there are great sunken expanses,
quartz in ingots,
slime,
blue waters for a battle,
much silence, many
veins of retreats and camphors,
fallen things, medals, acts of tenderness,
parachutes, kisses.

It is only the passage from one day toward another,
a single bottle moving across the seas,
and a dining room to which come roses,
a dining room abandoned
like a thorn: I refer
to a shattered goblet, to a curtain, to the depths
of a deserted room through which a river flows
dragging the stones. It is a house
set on the foundations of the rain,
a two-storied house with compulsory windows
and strictly faithful climbing vines.

I go in the evening, I arrive
covered with mud and death,
dragging the earth and its roots,
and its vague belly where corpses
sleep with wheat,
metals, overturned elephants.

Pero por sobre todo hay un terrible,
un terrible comedor abandonado,
con las alcuzas rotas
y el vinagre corriendo debajo de las sillas,
un rayo detenido de la luna,
algo oscuro, y me busco
una comparación dentro de mí:
tal vez es una tienda rodeada por el mar
y paños rotos goteando salmuera.
Es sólo un comedor abandonado,
y alrededor hay extensiones,
fábricas sumergidas, maderas
que sólo yo conozco,
porque estoy triste y viejo,
y conozco la tierra, y estoy triste.

But on top of everything there is a terrible,
a terrible abandoned dining room,
with broken jugs
and vinegar flowing under the chairs,
a rather dark lightningbolt
stopped from the moon, and I look for
a comparison within myself:
perhaps it is a tent surrounded by the sea
and torn cloths oozing brine.
It is only an abandoned dining room,
and around it there are expanses,
submerged factories, boards
that only I know,
because I am sad and old,
and I know the earth, and I am sad.

MATERNIDAD

Por qué te precipitas hacia la maternidad y verificas
tu ácido oscuro con gramos a menudo fatales?
El porvenir de las rosas ha llegado! El tiempo
de la red y el relámpago! Las suaves peticiones
de las hojas perdidamente alimentadas!
Un río roto en desmesura
recorre habitaciones y canastos
infundiendo pasiones y desgracias
con su pesado líquido y su golpe de gotas.

Se trata de una súbita estación
que puebla ciertos huesos, ciertas manos,
ciertos trajes marinos.

Y ya que su destello hace variar las rosas
dándoles pan y piedras y rocío,
oh madre oscura, ven,
con una máscara en la mano izquierda
y con los brazos llenos de sollozos.

Por corredores donde nadie ha muerto
quiero que pases, por un mar sin peces,
sin escamas, sin náufragos,
por un hotel sin pasos,
por un túnel sin humo.

Es para ti este mundo en que no nace nadie,
en que no existen
ni la corona muerta ni la flor uterina,
es tuyo este planeta lleno de piel y piedras.

Hay sombra allí para todas las vidas.
Hay círculos de leche y edificios de sangre,
y torres de aire verde.

MATERNITY

Why do you rush toward maternity and check
your dark acid with frequently fatal grams?
The future of the roses has arrived! The time
of the net and the lightning! The soft petitions
of the leaves wildly nourished!
An excessively broken river
runs through rooms and baskets
instilling passions and misfortunes
with its heavy liquid and its abundance of drops.

It is about a sudden season
that peoples certain bones, certain hands,
certain sailor suits.

And since its sparkle makes the roses vary,
giving them bread and stones and dew,
oh dark mother, come,
with a mask in your left hand
and with your arms filled with sobs.

Through corridors where no one has died
I want you to pass, through a sea without fish,
without scales, without shipwrecked men,
through a hotel without steps,
through a tunnel without smoke.

It is for you, this world in which no one is born,
in which exist
neither the dead wreath nor the uterine flower,
it is yours, this planet filled with skin and stones.

There is shadow there for all lives.
There are circles of milk and buildings of blood,
and towers of green air.

Hay silencio en los muros, y grandes vacas pálidas
con pezuñas de vino.

Hay sombras allí para que continúe
el diente en la mandíbula y un labio frente a otro,
y para que tu boca pueda hablar sin morirse,
y para que tu sangre no se derrumbe en vano.

Oh madre oscura, hiéreme
con diez cuchillos en el corazón,
hacia ese lado, hacia ese tiempo claro,
hacia esa primavera sin cenizas.

Hasta que rompas sus negras maderas
llama en mi corazón, hasta que un mapa
de sangre y de cabellos desbordados
manche los agujeros y la sombra,
hasta que lloren sus vidrios, golpea,
hasta que se derramen sus agujas.

La sangre tiene dedos y abre túneles
debajo de la tierra.

There is silence in the walls, and great pale cows
with hoofs of wine.

There are shadows there so that the tooth
may continue in the jaw and one lip opposite another,
and so that your mouth may speak without dying,
and so that your blood may not be spilled in vain.

Oh dark mother, wound me
with ten knives in the heart,
toward that side, toward that bright time,
toward that springtime without ashes.

Until you break its black timbers,
knock on my heart, until a map
of overflowing blood and hair
stains the holes and the shadow,
until its windowpanes weep, knock,
until its needles melt.

Blood has fingers and it opens tunnels
underneath the earth.

ENFERMEDADES EN MI CASA

Cuando el deseo de alegría con sus dientes de rosa
escarba los azufres caídos durante muchos meses
y su red natural, sus cabellos sonando
a mis habitaciones extinguidas con ronco paso llegan,
allí la rosa de alambre maldito
golpea con arañas las paredes
y el vidrio roto hostiliza la sangre,
y las uñas del cielo se acumulan,
de tal modo que no se puede salir, que no se puede dirigir
un asunto estimable,
es tanta la niebla, la vaga niebla cagada por los pájaros,
es tanto el humo convertido en vinagre
y el agrio aire que horada las escalas:
en ese instante en que el día se cae con las plumas deshechas,
no hay sino llanto, nada más que llanto,
porque sólo sufrir, solamente sufrir,
y nada más que llanto.

El mar se ha puesto a golpear por años una pata de pájaro,
y la sal golpea y la espuma devora,
las raíces de un árbol sujetan una mano de niña,
las raíces de un árbol más grande que una mano de niña,
más grande que una mano del cielo,
y todo el año trabajan, cada día de luna
sube sangre de niña hacia las hojas manchadas por la luna,
y hay un planeta de terribles dientes
envenenando el agua en que caen los niños,
cuando es de noche, y no hay sino la muerte,
solamente la muerte, y nada más que el llanto.

Como un grano de trigo en el silencio, pero
a quién pedir piedad por un grano de trigo?
Ved cómo están las cosas: tantos trenes,
tantos hospitales con rodillas quebradas,

ILLNESSES IN MY HOME

When the desire of joy with its rosy teeth
pries into the brimstone fallen during many months
and its natural net, its hairs ringing
reach my extinguished rooms with raucous steps,
there the rose of cursed barbed wire
strikes the walls with spiders,
and the broken window harasses the blood,
and the fingernails of the sky pile up,
so that one can not leave, one can not manage
a reputable affair,
so thick is the fog, the vague fog shit by the birds,
so great is the smoke converted into vinegar
and the sour air that pierces the scales:
at that instant when day falls down with destroyed feathers,
there is only weeping, nothing but weeping,
because only to suffer, just to suffer,
and nothing but weeping.

The sea has begun to beat for years a bird's leg,
and the salt beats and the foam devours,
the roots of a tree clutch a girl's hand,
the roots of a tree bigger than a girl's hand,
bigger than a hand from the sky,
and all year they work, each moonlit day
girl blood mounts toward the leaves stained by the moon,
and there is a planet with terrible teeth
poisoning the water into which the children fall,
when it is night, and there is nothing but death,
only death, and nothing except weeping.

Like a grain of wheat in the silence, but
whom to beg for mercy for a grain of wheat?
See how things are: so many trains,
so many hospitals with broken knees,

tantas tiendas con gentes moribundas:
entonces, cómo?, cuándo?,
a quién pedir por unos ojos del color de un mes frío,
y por un corazón del tamaño del trigo que vacila?
No hay sino ruedas y consideraciones,
alimentos progresivamente distribuidos,
líneas de estrellas, copas
en donde nada cae, sino sólo la noche,
nada más que la muerte.

Hay que sostener los pasos rotos,
cruzar entre tejados y tristezas mientras arde
una cosa quemada con llamas de humedad,
una cosa entre trapos tristes como la lluvia,
algo que arde y solloza,
un síntoma, un silencio.
Entre abandonadas conversaciones y objetos respirados,
entre las flores vacías que el destino corona y abandona,
hay un río que cae en una herida,
hay el océano golpeando una sombra de flecha quebrantada,
hay todo el cielo agujereando un beso.

Ayudadme, hojas que mi corazón ha adorado en silencio,
ásperas travesías, inviernos del sur, cabelleras
de mujeres mojadas en mi sudor terrestre,
luna del sur del cielo deshojado,
venid a mí con un día sin dolor,
con un minuto en que pueda reconocer mis venas.

Estoy cansado de una gota,
estoy herido en solamente un pétalo,
y por un agujero de alfiler sube un río de sangre sin consuelo,
y me ahogo en las aguas del rocío que se pudre en la sombra,
y por una sonrisa que no crece, por una boca dulce,
por unos dedos que el rosal quisiera
escribo este poema que sólo es un lamento,
solamente un lamento.

so many stores with dying people:
then, how? when?
to whom to beg through eyes the color of a cold month,
and through a heart the size of rippling wheat?
There are only wheels and considerations,
nourishment progressively distributed,
lines of stars, goblets
into which nothing falls, but only night,
nothing but death.

We must hold up the broken steps,
cross among roofs and sadnesses while a thing
burns consumed with flames of dampness,
a thing among rags as sad as rain,
something that burns and sobs,
a symptom, a silence.
Among abandoned conversations and breathed objects,
among the empty flowers that destiny crowns and abandons,
there is a river that falls upon a wound,
there is the ocean beating the shadow of a shattered arrow,
there is all of heaven piercing a kiss.

Help me, leaves that my heart has adored in silence,
harsh crossings, southern winters, tresses
of women drenched in my earthly sweat,
moon of the south from the leafless sky,
come to me with a sorrowless day,
with a minute in which I can scrutinize my veins.

I am wearied by a drop,
I am wounded in just one petal,
and through a pinhole mounts a river of inconsolable blood,
and I drown in the waters of the dew that rots in the shadow,
and for a smile that does not grow, for a sweet mouth,
for fingers that the rosebush would like
I write this poem which is only a lament,
only a lament.

III

ODA CON UN LAMENTO

Oh niña entre las rosas, oh presión de palomas,
oh presidio de peces y rosales,
tu alma es una botella llena de sal sedienta
y una campana llena de uvas es tu piel.

Por desgracia no tengo para darte sino uñas
o pestañas, o pianos derretidos,
o sueños que salen de mi corazón a borbotones,
polvorientos sueños que corren como jinetes negros,
sueños llenos de velocidades y desgracias.

Sólo puedo quererte con besos y amapolas,
con guirnaldas mojadas por la lluvia,
mirando cenicientos caballos y perros amarillos.
Sólo puedo quererte con olas a la espalda,
entre vagos golpes de azufre y aguas ensimismadas,
nadando en contra de los cementerios que corren en ciertos ríos
con pasto mojado creciendo sobre las tristes tumbas de yeso,
nadando a través de corazones sumergidos
y pálidas planillas de niños insepultos.

Hay mucha muerte, muchos acontecimientos funerarios
en mis desamparadas pasiones y desolados besos,
hay el agua que cae en mi cabeza,
mientras crece mi pelo,
un agua como el tiempo, un agua negra desencadenada,

III

ODE WITH A LAMENT

Oh girl among the roses, oh crush of doves,
oh fortress of fishes and rosebushes,
your soul is a bottle filled with thirsty salt
and your skin, a bell filled with grapes.

Unfortunately I have only fingernails to give you,
or eyelashes, or melted pianos,
or dreams that come spurting from my heart,
dusty dreams that run like black horsemen,
dreams filled with velocities and misfortunes.

I can love you only with kisses and poppies,
with garlands wet by the rain,
looking at ash-gray horses and yellow dogs.
I can love you only with waves at my back,
amid vague sulphur blows and brooding waters,
swimming against the cemeteries that flow in certain rivers
with wet fodder growing over the sad plaster tombs,
swimming across submerged hearts
and pale lists of unburied children.

There is much death, many funereal events
in my forsaken passions and desolate kisses,
there is the water that falls upon my head,
while my hair grows,
a water like time, a black unchained water,

143

con una voz nocturna, con un grito
de pájaros en la lluvia, con una interminable
sombra de ala mojada que protege mis huesos:
mientras me visto, mientras
interminablemente me miro en los espejos y en los vidrios,
oigo que alguien me sigue llamándome a sollozos
con una triste voz podrida por el tiempo.

Tú estás de pie sobra la tierra, llena
de dientes y relámpagos.
Tú propagas los besos y matas las hormigas.
Tú lloras de salud, de cebolla, de abeja,
de abecedario ardiendo.
Tú eres como una espada azul y verde
y ondulas al tocarte, como un río.

Ven a mi alma vestida de blanco, con un ramo
de ensangrentadas rosas y copas de cenizas,
ven con una manzana y un caballo,
porque allí hay una sala oscura y un candelabro roto,
unas sillas torcidas que esperan el invierno,
y una paloma muerta, con un número.

with a nocturnal voice, with a shout
of birds in the rain, with an interminable
wet-winged shadow that protects my bones:
while I dress, while
interminably I look at myself in mirrors and windowpanes,
I hear someone who follows me, sobbing to me
with a sad voice rotted by time.

You stand upon the earth, filled
with teeth and lightning.
You spread the kisses and kill the ants.
You weep with health, with onion, with bee,
with burning abacus.
You are like a blue and green sword
and you ripple, when I touch you, like a river.

Come to my heart dressed in white, with a bouquet
of bloody roses and goblets of ashes,
come with an apple and a horse,
because there is a dark room there and a broken candleholder,
some twisted chairs waiting for winter,
and a dead dove, with a number.

De pie como un cerezo sin cáscara ni flores,
especial, encendido, con venas y saliva,
y dedos y testículos,
miro una niña de papel y luna,
horizontal, temblando y respirando y blanca
y sus pezones como dos cifras separadas,
y la rosal reunión de sus piernas en donde
su sexo de pestañas nocturnas parpadea.

Pálido, desbordante,
siento hundirse palabras en mi boca,
palabras como niños ahogados,
y rumbo y rumbo y dientes crecen naves,
y aguas y latitud como quemadas.

La pondré como una espada o un espejo,
y abriré hasta la muerte sus piernas temerosas,
y morderé sus orejas y sus venas,
y haré que retroceda con los ojos cerrados
en un espeso río de semen verde.

La inundaré de amapolas y relámpagos,
la envolveré en rodillas, en labios, en agujas,
la entraré con pulgadas de epidermis llorando
y presiones de crimen y pelos empapados.

La haré huir escapándose por uñas y suspiros
hacia nunca, hacia nada,
trepándose a la lenta médula y al oxígeno,
agarrándose a recuerdos y razones
como una sola mano, como un dedo partido
agitando una uña de sal desamparada.

NUPTIAL SUBSTANCE

Standing like a cherry tree without bark or flowers,
special, burning, with veins and saliva,
and fingers and testicles,
I look at a girl of paper and moon,
horizontal, trembling and breathing and white
and her nipples like two separated ciphers,
and the rosy meeting of her legs where
her mound flutters with nocturnal eyelashes.

Pale, overflowing,
I feel words sink into my mouth,
words like drowned children,
and on we go and ships grow teeth,
and waters and breadth as if on fire.

I shall place her like a sword or a mirror,
and I shall open until death her fearful legs,
and I shall bite her ears and her veins,
and I shall make her retreat, her eyes closed
in a thick river of green semen.

I shall flood her with poppies and lightningbolts,
I shall wrap her in knees, in lips, in needles,
I shall enter her with inches of weeping epidermis
and pressures of crime and soaked hair.

I shall make her flee escaping through fingernails and sighs
toward never, toward nothing,
climbing up the slow marrow and the oxygen,
clutching memories and reasons
like a single hand, like a cleft finger
waving a fingernail of forsaken salt.

Debe correr durmiendo por caminos de piel
en un país de goma cenicienta y ceniza,
luchando con cuchillos, y sábanas, y hormigas,
y con ojos que caen en ella como muertos,
y con gotas de negra materia resbalando
como pescados ciegos o balas de agua gruesa.

She must run sleeping along roads of skin
in a country of ashen gum and ashes,
struggling with knives, and sheets. and ants,
and with eyes that fall on her like dead men,
and with drops of black substance slipping
like blind fish or bullets of thick water.

AGUA SEXUAL

Rodando a goterones solos,
a gotas como dientes,
a espesos goterones de mermelada y sangre,
rodando a goterones,
cae el agua,
como una espada en gotas,
como un desgarrador río de vidrio,
cae mordiendo,
golpeando el eje de la simetría, pegando en las costuras del alma,
rompiendo cosas abandonadas, empapando lo oscuro.

Solamente es un soplo, más húmedo que el llanto,
un líquido, un sudor, un aceite sin nombre,
un movimiento agudo,
haciéndose, espesándose,
cae el agua,
a goterones lentos,
hacia su mar, hacia su seco océano,
hacia su ola sin agua.

Veo el verano extenso, y un estertor saliendo de un granero,
bodegas, cigarras,
poblaciones, estímulos,
habitaciones, niñas
durmiendo con las manos en el corazón,
soñando con bandidos, con incendios,
veo barcos,
veo árboles de médula
erizados como gatos rabiosos,
veo sangre, puñales y medias de mujer,
y pelos de hombre,
veo camas, veo corredores donde grita una virgen,
veo frazadas y órganos y hoteles.

SEXUAL WATER

Rolling in big solitary raindrops,
in drops like teeth,
in big thick drops of marmalade and blood,
rolling in big raindrops,
the water falls,
like a sword in drops,
like a tearing river of glass,
it falls biting,
striking the axis of symmetry, sticking to the seams of the soul,
breaking abandoned things, drenching the dark.

It is only a breath, moister than weeping,
a liquid, a sweat, a nameless oil,
a sharp movement,
forming, thickening,
the water falls,
in big slow raindrops,
toward its sea, toward its dry ocean,
toward its waterless wave.

I see the vast summer, and a death rattle coming from a granary,
stores, locusts,
towns, stimuli,
rooms, girls
sleeping with their hands upon their hearts,
dreaming of bandits, of fires,
I see ships,
I see marrow trees
bristling like rabid cats,
I see blood, daggers, and women's stockings,
and men's hair,
I see beds, I see corridors where a virgin screams,
I see blankets and organs and hotels.

Veo los sueños sigilosos,
admito los postreros días,
y también los orígenes, y también los recuerdos,
como un párpado atrozmente levantado a la fuerza
estoy mirando.

Y entonces hay este sonido:
un ruido rojo de huesos,
un pegarse de carne,
y piernas amarillas como espigas juntándose.
Yo escucho entre el disparo de los besos,
escucho, sacudido entre respiraciones y sollozos.
Estoy mirando, oyendo,
con la mitad del alma en el mar y la mitad del alma en la tierra,
y con las dos mitades del alma miro al mundo.

Y aunque cierre los ojos y me cubra el corazón enteramente,
veo caer un agua sorda,
a goterones sordos.
Es como un huracán de gelatina,
como una catarata de espermas y medusas.
Veo correr un arco iris turbio.
Veo pasar sus aguas a través de los huesos.

I see the silent dreams,
I accept the final days,
and also the origins, and also the memories,
like an eyelid atrociously and forcibly uplifted
I am looking.

And then there is this sound:
a red noise of bones,
a clashing of flesh,
and yellow legs like merging spikes of grain.
I listen among the smack of kisses,
I listen, shaken between gasps and sobs.
I am looking, hearing,
with half my soul upon the sea and half my soul upon the land,
and with the two halves of my soul I look at the world.

And though I close my eyes and cover my heart entirely,
I see a muffled waterfall,
in big muffled raindrops.
It is like a hurricane of gelatine,
like a waterfall of sperm and jellyfish.
I see a turbid rainbow form.
I see its waters pass across the bones.

IV TRES CANTOS MATERIALES

ENTRADA A LA MADERA

Con mi razón apenas, con mis dedos,
con lentas aguas lentas inundadas,
caigo al imperio de los nomeolvides,
a una tenaz atmósfera de luto,
a una olvidada sala decaída,
a un racimo de tréboles amargos.

Caigo en la sombra, en medio
de destruidas cosas,
y miro arañas, y apaciento bosques
de secretas maderas inconclusas,
y ando entre húmedas fibras arrancadas
al vivo ser de substancia y silencio.

Dulce materia, oh rosa de alas secas,
en mi hundimiento tus pétalos subo
con pies pesados de roja fatiga,
y en tu catedral dura me arrodillo
golpeándome los labios con un ángel.

Es que soy yo ante tu color de mundo,
ante tus pálidas espadas muertas,
ante tus corazones reunidos,
ante tu silenciosa multitud.

IV   THREE MATERIAL SONGS

ENTRANCE TO WOOD

Scarcely with my reason, with my fingers,
with slow waters slow inundated,
I fall into the realm of the forget-me-nots,
into a tenacious atmosphere of mourning,
into a forgotten, decayed room,
into a cluster of bitter clover.

I fall into the shadow, amid
destroyed things,
and I look at spiders, and I graze on thickets
of secret inconclusive woods,
and I walk among moist fibers torn
from the living being of substance and silence.

Gentle matter, oh rose of dry wings,
in my collapse I climb up your petals,
my feet heavy with red fatigue,
and in your harsh cathedral I kneel
beating my lips with an angel.

I am the one facing your worldly color,
facing your pale dead swords,
facing your united hearts,
facing your silent multitude.

Soy yo ante tu ola de olores muriendo,
envueltos en otoño y resistencia:
soy yo emprendiendo un viaje funerario
entre tus cicatrices amarillas:
soy yo con mis lamentos sin origen,
sin alimentos, desvelado, solo,
entrando a oscurecidos corredores,
llegando a tu materia misteriosa.

Veo moverse tus corrientes secas,
veo crecer manos interrumpidas,
oigo tus vegetales oceánicos
crujir de noche y furia sacudidos,
y siento morir hojas hacia adentro,
incorporando materiales verdes
a tu inmovilidad desamparada.

Poros, vetas, círculos de dulzura,
peso, temperatura silenciosa,
flechas pegadas a tu alma caída,
seres dormidos en tu boca espesa,
polvo de dulce pulpa consumida,
ceniza llena de apagadas almas,
venid a mí, a mi sueño sin medida,
caed en mi alcoba en que la noche cae
y cae sin cesar como agua rota,
y a vuestra vida, a vuestra muerte asidme,
y a vuestros materiales sometidos,
a vuestras muertas palomas neutrales,
y hagamos fuego, y silencio, y sonido,
y ardamos, y callemos, y campanas.

I am the one facing your wave of dying fragrances,
wrapped in autumn and resistance:
I am the one undertaking a funereal voyage
among your yellow scars:
I am the one with my sourceless laments,
foodless, abandoned, alone,
entering darkened corridors,
reaching your mysterious substance.

I see your dry currents move,
I see interrupted hands grow,
I hear your oceanic vegetation
rustle shaken by night and fury,
and I feel leaves dying inward,
joining green substances
to your forsaken immobility.

Pores, veins, circles of sweetness,
weight, silent temperature,
arrows piercing your fallen soul,
beings asleep in your thick mouth,
powder of sweet consumed pulp,
ashes filled with extinguished souls,
come to me, to my measureless dream,
fall into my bedroom where night falls
and endlessly falls like broken water,
and bind me to your life and to your death,
and to your docile substances,
to your dead neutral doves,
and let us make fire, and silence, and sound,
and let us burn, and be silent, and bells.

APOGEO DEL APIO

Del centro puro que los ruidos nunca
atravesaron, de la intacta cera,
salen claros relámpagos lineales,
palomas con destino de volutas,
hacia tardías calles con olor
a sombra y a pescado.

Son las venas del apio! Son la espuma, la risa,
los sombreros del apio!
Son los signos del apio, su sabor
de !uciérnaga, sus mapas
de color inundado,
y cae su cabeza de ángel verde,
y sus delgados rizos se acongojan,
y entran los pies del apio en los mercados
de la mañana herida, entre sollozos,
y se cierran las puertas a su paso,
y los dulces caballos se arrodillan.

Sus pies cortados van, sus ojos verdes
van derramados, para siempre hundidos
en ellos los secretos y las gotas:
los túneles del mar de donde emergen,
las escaleras que el apio aconseja,
las desdichadas sombras sumergidas,
las determinaciones en el centro del aire,
los besos en el fondo de las piedras.

A medianoche, con manos mojadas,
alguien golpea mi puerta en la niebla,
y oigo la voz del apio, voz profunda,
áspera voz de viento encarcelado,
se queja herido de aguas y raíces,
hunde en mi cama sus amargos rayos,

THE APOGEE OF CELERY

From the pure center that the noises never
crossed, from the intact wax,
come clear, lineal lightningflashes,
doves with a bent for spirals,
toward tardy streets with a smell
of shadows and fish.

They are the celery veins! They are the foam, the laughter,
the celery hats!
They are the celery signs, its taste
of glowworm, its maps
of flooded color,
and its green angel head falls,
and its thin curls grieve,
and the celery feet enter the markets
of the wounded morning, amid sobs,
and doors are closed as they pass,
and the gentle horses kneel.

Their cut feet go, their green eyes
go spilt, forever sunk
in them the secrets and the drops:
the tunnels of the sea from which they emerge,
the stairways that the celery advises,
the unfortunate submerged shadows,
the decisions in the center of the air,
the kisses at the bottom of the stones.

At midnight, with wet hands,
someone knocks at my door in the fog,
and I hear the celery voice, a deep voice,
a harsh voice of imprisoned wind,
it laments wounded by waters and roots,
it sinks into my bed its bitter rays,

y sus desordenadas tijeras me pegan en el pecho
buscándome la boca del corazón ahogado.

Qué quieres, huésped de corsé quebradizo,
en mis habitaciones funerales?
Qué ámbito destrozado te rodea?

Fibras de oscuridad y luz llorando,
ribetes ciegos, energías crespas,
río de vida y hebras esenciales,
verdes ramas de sol acariciado,
aquí estoy, en la noche, escuchando secretos,
desvelos, soledades,
y entráis, en medio de la niebla hundida,
hasta crecer en mí, hasta comunicarme
la luz oscura y la rosa de la tierra.

and its disorderly scissors stick me in the chest
seeking in me the mouth of the drowned heart.

What do you wish, guest with fragile corset,
in my funereal rooms?
What destroyed ambit surrounds you?

Fibers of darkness and weeping light,
blind embellishments, curly energies,
river of life and essential fibers,
green branches of cherished sun,
here I am, in the night, listening to secrets,
wakefulness, solitudes,
and you enter, amid the sunken fog,
until you grow in me, until you reveal to me
the dark light and the rose of the earth.

ESTATUTO DEL VINO

Cuando a regiones, cuando a sacrificios
manchas moradas como lluvias caen,
el vino· abre las puertas con asombro,
y en el refugio de los meses vuela
su cuerpo de empapadas alas rojas.

Sus pies tocan los muros y las tejas
con humedad de lenguas anegadas,
y sobre el filo del día desnudo
sus abejas en gotas van cayendo.

Yo sé que el vino no huye dando gritos
a la llegada del invierno,
ni se esconde en iglesias tenebrosas
a buscar fuego en trapos derrumbados,
sino que vuela sobre la estación,
sobre el invierno que ha llegado ahora
con un puñal entre las cejas duras.

Yo veo vagos sueños,
yo reconozco lejos,
y miro frente a mí, detrás de los cristales,
reuniones de ropas desdichadas.

A ellas la bala del vino no llega,
su amapola eficaz, su rayo rojo
mueren ahogados en tristes tejidos,
y se derrama por canales solos,
por calles húmedas, por ríos sin nombre,
el vino amargamente sumergido,
el vino ciego y subterráneo y solo.

Yo estoy de pie en su espuma y sus raíces,
yo lloro en su follaje y en sus muertos,
acompañado de sastres caídos

ORDINANCE OF WINE

When to regions, when to sacrifices
deep purple stains fall like rains,
wine opens the doors amazed,
and into the shelter of the months flies
its body of soaked red wings.

Its feet touch the walls and the tiles
with the dampness of drowned tongues,
and upon the edge of the naked day
its bees go falling in drops.

I know that wine does not flee shouting
at the coming of winter,
or hide in gloomy churches
to seek fire in crumbled rags,
rather it flies above the season,
above the winter that has now arrived
with a dagger between its hard eyebrows.

I see vague dreams,
I recognize far away,
and I see in front of me, behind the windowpanes,
meetings of unhappy clothes.

They are not reached by the wine bullet,
its effective poppy, its red ray
die smothered in sad textures,
and it spills along lone canals,
along moist streets, along nameless rivers,
the bitterly submerged wine,
the blind and subterranean and solitary wine.

I stand in its foam and its roots,
I weep on its foliage and its dead,
accompanied by tailors fallen

en medio del invierno deshonrado,
yo subo escalas de humedad y sangre
tanteando las paredes,
y en la congoja del tiempo que llega
sobre una piedra me arrodillo y lloro.

Y hacia túneles acres me encamino
vestido de metales transitorios,
hacia bodegas solas, hacia sueños,
hacia betunes verdes que palpitan,
hacia herrerías desinteresadas,
hacia sabores de lodo y garganta,
hacia imperecederas mariposas.

Entonces surgen los hombres del vino
vestidos de morados cinturones
y sombreros de abejas derrotadas,
y traen copas llenas de ojos muertos,
y terribles espadas de salmuera,
y con roncas bocinas se saludan
cantando cantos de intención nupcial.

Me gusta el canto ronco de los hombres del vino,
y el ruido de mojadas monedas en la mesa,
y el olor de zapatos y de uvas,
y de vómitos verdes:
me gusta el canto ciego de los hombres,
y ese sonido de sal que golpea
las paredes del alba moribunda.

Hablo de cosas que existen. Dios me libre
de inventar cosas cuando estoy cantando!
Hablo de la saliva derramada en los muros,
hablo de lentas medias de ramera,
hablo del coro de los hombres del vino
golpeando el ataúd con un hueso de pájaro.

in the midst of the dishonored winter,
I climb ladders of moisture and blood
groping along the walls,
and in the anguish of the coming time
I kneel upon a stone and weep.

And toward acrid tunnels I make my way
dressed in transitory metals,
toward solitary wine vaults, toward dreams,
toward green palpitating shoe polish,
toward disinterested tools,
toward tastes of mud and throat,
toward imperishable butterflies.

Then the wine men rise up
wearing deep purple belts
and hats of defeated bees,
and they bring goblets filled with dead eyes,
and terrible swords of brine,
and with raucous horns they greet one another
singing songs of nuptial intent.

I like the raucous songs of the wine men,
and the noise of wet coins on the table,
and the smell of shoes and grapes,
and of green vomit:
I like the blind singing of the men,
and that sound of salt striking
the walls of the dying dawn.

I speak of things that exist. Heaven forbid
that I should invent things when I am singing!
I speak of spit spilt upon the walls,
I speak of slow whore stockings,
I speak of the chorus of the wine men
striking the coffin with a bird bone.

Estoy en medio de ese canto, en medio
del invierno que rueda por las calles,
estoy en medio de los bebedores,
con los ojos abiertos hacia olvidados sitios,
o recordando en delirante luto,
o durmiendo en cenizas derribado.

Recordando noches, navíos, sementeras,
amigos fallecidos, circunstancias,
amargos hospitales y niñas entreabiertas:
recordando un golpe de ola en cierta roca
con un adorno de harina y espuma,
y la vida que hace uno en ciertos países,
en ciertas costas solas,
un sonido de estrellas en las palmeras,
un golpe del corazón en los vidrios,
un tren que cruza oscuro de ruedas malditas
y muchas cosas tristes de esta especie.

A la humedad del vino, en las mañanas,
en las paredes a menudo mordidas por los días de invierno
que caen en bodegas sin duda solitarias,
a esa virtud del vino llegan luchas,
y cansados metales y sordas dentaduras,
y hay un tumulto de objeciones rotas,
hay un furioso llanto de botellas,
y un crimen, como un látigo caído.

El vino clava sus espinas negras,
y sus erizos lúgubres pasea,
entre puñales, entre mediasnoches,
entre roncas gargantas arrastradas,
entre cigarros y torcidos pelos,
y como ola de mar su voz aumenta
aullando llanto y manos de cadáver.

I am in the midst of that singing, in the midst
of the winter that rolls through the streets,
I am in the midst of the drinkers,
with my eyes opened toward forgotten places,
either remembering in delirious mourning,
or sleeping tumbled into the ashes.

Remembering nights, ships, seed times,
departed friends, circumstances,
bitter hospitals and girls ajar:
remembering a wave slapping a certain rock
with an adornment of flour and foam,
and the life that one leads in certain countries,
on certain solitary coasts,
a sound of stars in the palm trees,
a heartbeat on the windowpanes,
a train crossing darkly on cursed wheels
and many sad things of this sort.

To the moisture of the wine, in the mornings,
on the walls often bitten by the winter days
that fall in wine cellars no doubt solitary,
to that virtue of the wine come struggles,
and tired metals and deaf dentures,
and there is a tumult of broken objections,
there is a furious weeping of bottles,
and a crime, like a fallen whip.

The wine digs in its black thorns,
and it walks its lugubrious hedgehogs,
amid daggers, amid midnights,
amid hoarse, bedraggled throats,
amid cigars and twisted hair,
and like a sea wave it swells its voice
howling tears and corpse hands.

Y entonces corre el vino perseguido
y sus tenaces odres se destrozan
contra las herraduras, y va el vino en silencio,
y sus toneles, en heridos buques en donde el aire muerde
rostros, tripulaciones de silencio,
y el vino huye por las carreteras,
por las iglesias, entre los carbones,
y se caen sus plumas de amaranto,
y se disfraza de azufre su boca,
y el vino ardiendo entre calles usadas
buscando pozos, túneles, hormigas,
bocas de tristes muertos,
por donde ir al azul de la tierra
en donde se confunden la lluvia y los ausentes.

And then flows the persecuted wine
and its tenacious wine bags are smashed
against the horseshoes, and the wine goes in silence,
and its casks, in wounded ships where the air bites
faces, crews of silence,
and the wine flees along highways,
past churches, among the coals,
and its amaranthine feathers fall,
and its mouth is disguised in brimstone,
and the wine burning among worn-out streets
seeking wells, tunnels, ants,
mouths of sad dead men,
through which to reach the blue of the land
in which are mingled rain and absent ones.

V

ODA A FEDERICO GARCÍA LORCA

Si pudiera llorar de miedo en una casa sola,
si pudiera sacarme los ojos y comérmelos,
lo haría por tu voz de naranjo enlutado
y por tu poesía que sale dando gritos.

Porque por ti pintan de azul los hospitales
y crecen las escuelas y los barrios marítimos,
y se pueblan de plumas los ángeles heridos,
y se cubren de escamas los pescados nupciales,
y van volando al cielo los erizos:
por ti las sastrerías con sus negras membranas
se llenan de cucharas y de sangre,
y tragan cintas rojas, y se matan a besos,
y se visten de blanco.

Cuando vuelas vestido de durazno,
cuando ríes con risa de arroz huracanado,
cuando para cantar sacudes las arterias y los **dientes**,
la garganta y los dedos,
me moriría por lo dulce que eres,
me moriría por los lagos rojos
en donde en medio del otoño vives

V

ODE TO FEDERICO GARCÍA LORCA*

If I could weep with fear in a solitary house,
if I could take out my eyes and eat them,
I would do it for your black-draped orange-tree voice
and for your poetry that comes forth shouting.

Because for you they paint hospitals bright blue,
and schools and sailors' quarters grow,
and wounded angels are covered with feathers,
and nuptial fish are covered with scales,
and hedgehogs go flying to the sky:
for you tailorshops with their black skins
fill up with spoons and blood,
and swallow red ribbons and kiss each other to death,
and dress in white.

When you fly dressed as a peach tree,
when you laugh with a laugh of hurricaned rice,
when to sing you shake arteries and teeth,
throat and fingers,
I could die for how sweet you are,
I could die for the red lakes
where in the midst of autumn you live

*Neruda and Lorca became very close friends when Neruda was Chilean consul to the Spanish Republic. This ode, like much of Lorca's poetry, has premonitions of death. The poem was published in 1935; Lorca was executed by the Nationalists in 1936.—D.D.W.

con un corcel caído y un dios ensangrentado,
me moriría por los cementerios
que como cenicientos ríos pasan
con agua y tumbas,
de noche, entre campanas ahogadas:
ríos espesos como dormitorios
de soldados enfermos, que de súbito crecen
hacia la muerte en ríos con números de mármol
y coronas podridas, y aceites funerales:
me moriría por verte de noche
mirar pasar las cruces anegadas,
de pie y llorando,
porque ante el río de la muerte lloras
abandonadamente, heridamente,
lloras llorando, con los ojos llenos
de lágrimas, de lágrimas, de lágrimas.

Si pudiera de noche, perdidamente solo,
acumular olvido y sombra y humo
sobre ferrocarriles y vapores,
con un embudo negro,
mordiendo las cenizas,
lo haría por el árbol en que creces,
por los nidos de aguas doradas que reúnes,
y por la enredadera que te cubre los huesos
comunicándote el secreto de la noche.

Ciudades con olor a cebolla mojada
esperan que tú pases cantando roncamente,
y silenciosos barcos de esperma te persiguen,
y golondrinas verdes hacen nido en tu pelo,
y además caracoles y semanas,
mástiles enrollados y cerezos
definitivamente circulan cuando asoman
tu pálida cabeza de quince ojos
y tu boca de sangre sumergida.

with a fallen steed and a bloodied god,
I could die for the cemeteries
that pass like ash-gray rivers
with water and tombs,
at night, among drowned bells:
rivers as thick as wards
of sick soldiers, that suddenly grow
toward death in rivers with marble numbers
and rotted crowns, and funeral oils:
I could die to see you at night
watching the sunken crosses go by,
standing and weeping,
because before death's river you weep
forlornly, woundedly,
you weep weeping, your eyes filled
with tears, with tears, with tears.

If at night, wildly alone, I could
gather oblivion and shadow and smoke
above railroads and steamships,
with a black funnel,
biting the ashes,
I would do it for the tree in which you grow,
for the nests of golden waters that you gather,
and for the vine that covers your bones,
revealing to you the secret of the night.

Cities with a smell of wet onions
wait for you to pass singing raucously,
and silent sperm boats pursue you,
and green swallows nest in your hair,
and also snails and weeks,
furled masts and cherry trees
definitively walk about when they glimpse
your pale fifteen-eyed head
and your mouth of submerged blood.

Si pudiera llenar de hollín las alcaldías
y, sollozando, derribar relojes,
sería para ver cuándo a tu casa
llega el verano con los labios rotos,
llegan muchas personas de traje agonizante,
llegan regiones de triste esplendor,
llegan arados muertos y amapolas,
llegan enterradores y jinetes,
llegan planetas y mapas con sangre,
llegan buzos cubiertos de ceniza,
llegan enmascarados arrastrando doncellas
atravesadas por grandes cuchillos,
llegan raíces, venas, hospitales,
manantiales, hormigas,
llega la noche con la cama en donde
muere entre las arañas un húsar solitario,
llega una rosa de odio y alfileres,
llega una embarcación amarillenta,
llega un día de viento con un niño,
llego yo con Oliverio, Norah,
Vicente Aleixandre, Delia,
Maruca, Malva Marina, María Luisa y Larco,
la Rubia, Rafael Ugarte,
Cotapos, Rafael Alberti,
Carlos, Bebé, Manolo Altolaguirre,
Molinari,
Rosales, Concha Méndez,
y otros que se me olvidan.

Ven a que te corone, joven de la salud
y de la mariposa, joven puro
como un negro relámpago perpetuamente libre,
y conversando entre nosotros,
ahora, cuando no queda nadie entre las rocas,
hablemos sencillamente como eres tú y soy yo:
para qué sirven los versos si no es para el rocío?

If I could fill town halls with soot
and, sobbing, tear down clocks,
it would be to see when to your house
comes summer with its broken lips,
come many people with dying clothes,
come regions of sad splendor,
come dead plows and poppies,
come gravediggers and horsemen,
come planets and maps with blood,
come buzzards covered with ashes,
come masked men dragging damsels
pierced by great knives,
come roots, veins, hospitals,
springs, ants,
comes night with the bed where
a solitary hussar is dying among the spiders,
comes a rose of hatred and pins,
comes a yellowish vessel,
comes a windy day with a child,
come I with Oliverio, Norah,
Vicente Aleixandre, Delia,
Maruca, Malva Marina, María Luisa, and Larco,
the Blond, Rafael Ugarte,
Cotapos, Rafael Alberti,
Carlos, Bebé, Manolo Altolaguirre,
Molinari,
Rosales, Concha Méndez,
and others that slip my mind.

Come, let me crown you, youth of health
and butterflies, youth pure
as a black lightningflash perpetually free,
and just between you and me,
now, when there is no one left among the rocks,
let us speak simply, man to man:
what are verses for if not for the dew?

Para qué sirven los versos si no es para esa noche
en que un puñal amargo nos averigua, para ese día,
para ese crepúsculo, para ese rincón roto
donde el golpeado corazón del hombre se dispone a morir?

Sobre todo de noche,
de noche hay muchas estrellas,
todas dentro de un río
como una cinta junto a las ventanas
de las casas llenas de pobres gentes.

Alguien se les ha muerto, tal vez
han perdido sus colocaciones en las oficinas,
en los hospitales, en los ascensores,
en las minas,
sufren los seres tercamente heridos
y hay propósito y llanto en todas partes:
mientras las estrellas corren dentro de un río interminable
hay mucho llanto en las ventanas,
los umbrales están gastados por el llanto,
las alcobas están mojadas por el llanto
que llega en forma de ola a morder las alfombras.

Federico,
tú ves el mundo, las calles,
el vinagre,
las despedidas en las estaciones
cuando el humo levanta sus ruedas decisivas
hacia donde no hay nada sino algunas
separaciones, piedras, vías férreas.

Hay tantas gentes haciendo preguntas
por todas partes.
Hay el ciego sangriento, y el iracundo, y el
desanimado,
y el miserable, el árbol de las uñas,
el bandolero con la envidia a cuestas.

What are verses for if not for that night
in which a bitter dagger finds us out, for that day,
for that dusk, for that broken corner
where the beaten heart of man makes ready to die?

Above all at night,
at night there are many stars,
all within a river
like a ribbon next to the windows
of houses filled with the poor.

Someone of theirs has died, perhaps
they have lost their jobs in the offices,
in the hospitals, in the elevators,
in the mines,
human beings suffer stubbornly wounded
and there are protests and weeping everywhere:
while the stars flow within an endless river
there is much weeping at the windows,
the thresholds are worn away by the weeping,
the bedrooms are soaked by the weeping
that comes wave-shaped to bite the carpets.

Federico,
you see the world, the streets,
the vinegar,
the farewells in the stations
when the smoke lifts its decisive wheels
toward where there is nothing but some
separations, stones, railroad tracks.

There are so many people asking questions
everywhere.
There is the bloody blindman, and the angry one, and the
disheartened one,
and the wretch, the thorn tree,
the bandit with envy on his back.

Así es la vida, Federico, aquí tienes
las cosas que te puede ofrecer mi amistad
de melancólico varón varonil.
Ya sabes por ti mismo muchas cosas,
y otras irás sabiendo lentamente.

That's the way life is, Federico, here you have
the things that my friendship can offer you,
the friendship of a melancholy manly man.
By yourself you already know many things,
and others you will slowly get to know.

ALBERTO ROJAS JIMÉNEZ VIENE VOLANDO

Entre plumas que asustan, entre noches,
entre magnolias, entre telegramas,
entre el viento del Sur y el Oeste marino,
vienes volando.

Bajo las tumbas, bajo las cenizas,
bajo los caracoles congelados,
bajo las últimas aguas terrestres,
vienes volando.

Más abajo, entre niñas sumergidas,
y plantas ciegas, y pescados rotos,
más abajo, entre nubes otra vez,
vienes volando.

Más allá de la sangre y de los huesos,
más allá del pan, más allá del vino,
más ailá del fuego,
vienes volando.

Más allá del vinagre y de la muerte,
entre putrefacciones y violetas,
con tu celeste voz y tus zapatos húmedos,
vienes volando.

Sobre diputaciones y farmacias,
y ruedas, y abogados, y navíos,
y dientes rojos recién arrancados,
vienes volando.

ALBERTO ROJAS JIMÉNEZ COMES FLYING*

Among frightening feathers, among nights,
among magnolias, among telegrams,
among the South wind and the maritime West,
      you come flying.

Beneath the tombs, beneath the ashes,
beneath the frozen snails,
beneath the last terrestrial waters,
      you come flying.

Farther down, among submerged girls,
and blind plants, and broken fish,
farther down, among clouds again,
      you come flying.

Beyond blood and bones,
beyond bread, beyond wine,
beyond fire,
      you come flying.

Beyond vinegar and death,
among putrefaction and violets,
with your celestial voice and your damp shoes,
      you come flying.

Over delegations and drugstores,
and wheels, and lawyers, and warships,
and red teeth recently pulled,
      you come flying.

*A longtime friend, poet, and dandy. One of his hobbies was making paper
birds, an art he had learned from Miguel de Unamuno.—D.D.W.

Sobre ciudades de tejado hundido
en que grandes mujeres se destrenzan
con anchas manos y peines perdidos,
vienes volando.

Junto a bodegas donde el vino crece
con tibias manos turbias, en silencio,
con lentas manos de madera roja,
vienes volando.

Entre aviadores desaparecidos,
al lado de canales y de sombras,
al lado de azucenas enterradas,
vienes volando.

Entre botellas de color amargo,
entre anillos de anís y desventura,
levantando las manos y llorando,
vienes volando.

Sobre dentistas y congregaciones,
sobre cines, y túneles y orejas,
con traje nuevo y ojos extinguidos,
vienes volando.

Sobre tu cementerio sin paredes
donde los marineros se extravían,
mientras la lluvia de tu muerte cae,
vienes volando.

Mientras la lluvia de tus dedos cae,
mientras la lluvia de tus huesos cae,
mientras tu médula y tu risa caen,
vienes volando.

Over sunken-roofed cities
where huge women take down their hair
with broad hands and lost combs,
        you come flying.

Next to vaults where the wine grows
with tepid turbid hands, in silence,
with slow, red-wooden hands,
        you come flying.

Among vanished aviators,
beside canals and shadows,
beside buried lilies,
        you come flying.

Among bitter-colored bottles,
among rings of anise and misfortune,
lifting your hands and weeping,
        you come flying.

Over dentists and congregations,
over moviehouses and tunnels and ears,
with a new suit and extinguished eyes,
        you come flying.

Over your wall-less cemetery,
where sailors go astray,
while the rain of your death falls,
        you come flying.

While the rain of your fingers falls,
while the rain of your bones falls,
while your marrow and your laughter fall,
        you come flying.

Sobre las piedras en que te derrites,
corriendo, invierno abajo, tiempo abajo,
mientras tu corazón desciende en gotas,
    vienes volando.

No estás allí, rodeado de cemento,
y negros corazones de notarios,
y enfurecidos huesos de jinetes:
    vienes volando.

Oh amapola marina, oh deudo mío,
oh guitarrero vestido de abejas,
no es verdad tanta sombra en tus cabellos:
    vienes volando.

No es verdad tanta sombra persiguiéndote,
no es verdad tantas golondrinas muertas,
tanta región oscura con lamentos:
    vienes volando.

El viento negro de Valparaíso
abre sus alas de carbón y espuma
para barrer el cielo donde pasas:
    vienes volando.

Hay vapores, y un frío de mar muerto,
y silbatos, y meses, y un olor
de mañana lloviendo y peces sucios:
    vienes volando.

Hay ron, tú y yo, y mi alma donde lloro,
y nadie, y nada, sino una escalera
de peldaños quebrados, y un paraguas:
    vienes volando.

Over the stones on which you melt,
running, down winter, down time,
while your heart descends in drops,
                you come flying.

You are not there, surrounded by cement,
and black hearts of notaries,
and infuriated riders' bones:
                you come flying.

Oh sea poppy, oh my kinsman,
oh guitar player dressed in bees,
there can't be so much shadow in your hair:
                you come flying.

There can't be so much shadow pursuing you,
there can't be so many dead swallows,
so much dark lamenting land:
                you come flying.

The black wind of Valparaíso
opens its wings of coal and foam
to sweep the sky where you pass:
                you come flying.

There are ships, and a dead-sea cold,
and whistles, and months, and a smell
of rainy morning and dirty fish:
                you come flying.

There is rum, you and I, and my heart where I weep,
and nobody, and nothing, but a staircase
of broken steps, and an umbrella:
                you come flying.

Allí está el mar. Bajo de noche y te oigo
venir volando bajo el mar sin nadie,
bajo el mar que me habita, oscurecido:
vienes volando.

Oigo tus alas y tu lento vuelo,
y el agua de los muertos me golpea
como palomas ciegas y mojadas:
vienes volando.

Vienes volando, solo, solitario,
solo entre muertos, para siempre solo,
vienes volando sin sombra y sin nombre,
sin azúcar, sin boca, sin rosales,
vienes volando.

There lies the sea. I go down at night and I hear you
come flying under the sea without anyone,
under the sea that dwells in me, darkened:
        you come flying.

I hear your wings and your slow flight,
and the water of the dead strikes me
like blind wet doves:
        you come flying.

You come flying, alone, solitary,
alone among the dead, forever alone,
you come flying without a shadow and without a name,
without sugar, without a mouth, without rosebushes,
        you come flying.

EL DESENTERRADO

Homenaje al Conde de Villamediana

Cuando la tierra llena de párpados mojados
se haga ceniza y duro aire cernido,
y los terrones secos y las aguas,
los pozos, los metales,
por fin devuelvan sus gastados muertos,
quiero una oreja, un ojo,
un corazón herido dando tumbos,
un hueco de puñal hace ya tiempo hundido
en un cuerpo hace tiempo exterminado y solo,
quiero unas manos, una ciencia de uñas,
una boca de espanto y amapolas muriendo,
quiero ver levantarse del polvo inútil
un ronco árbol de venas sacudidas,
yo quiero de la tierra más amarga,
entre azufre y turquesa y olas rojas
y torbellinos de carbón callado,
quiero una carne despertar sus huesos
aullando llamas,
y un especial olfato correr en busca de algo,
y una vista cegada por la tierra
correr detrás de dos ojos oscuros,
y un oído, de pronto, como una ostra furiosa,
rabiosa, desmedida,
levantarse hacia el trueno,
y un tacto puro, entre sales perdido,
salir tocando pechos y azucenas, de pronto.

THE DISINTERRED ONE

*Homage to the Count of Villamediana**

When the earth full of wet eyelids
becomes ashes and harsh sifted air,
and the dry farms and the waters,
the wells, the metals,
at last give forth their worn-out dead,
I want an ear, an eye,
a heart wounded and tumbling,
the hollow of a dagger sunk some time ago
in a body some time ago exterminated and alone,
I want some hands, a science of fingernails,
a mouth of fright and poppies dying,
I want to see rise from the useless dust
a raucous tree of shaken veins,
I want from the bitterest earth,
among brimstone and turquoise and red waves
and whirlwinds of silent coal,
I want to see a flesh waken its bones
howling flames,
and a special smell run in search of something,
and a sight blinded by the earth
run after two dark eyes,
and an ear, suddenly, like a furious oyster,
rabid, boundless,
rise toward the thunder,
and a pure touch, lost among salts,
come out suddenly, touching chests and lilies.

*A Spanish poet and satirist (1582–1622).—D.D.W.

Oh día de los muertos! oh distancia hacia donde
la espiga muerta yace con su olor a relámpago,
oh galerías entregando un nido
y un pez y una mejilla y una espada,
todo molido entre las confusiones,
todo sin esperanzas decaído,
todo en la sima seca alimentado
entre los dientes de la tierra dura.

Y la pluma a su pájaro suave,
y la luna a su cinta, y el perfume a su forma,
y, entre las rosas, el desenterrado,
el hombre lleno de algas minerales,
y a sus dos agujeros sus ojos retornando.

Está desnudo,
sus ropas no se encuentran en el polvo
y su armadura rota se ha deslizado al fondo del infierno,
y su barba ha crecido como el aire en otoño,
y hasta su corazón quiere morder manzanas.

Cuelgan de sus rodillas y sus hombros
adherencias de olvido, hebras del suelo,
zonas de vidrio roto y aluminio,
cáscaras de cadáveres amargos,
bolsillos de agua convertida en hierro:
y reuniones de terribles bocas
derramadas y azules,
y ramas de coral acongojado
hacen corona a su cabeza verde,
y tristes vegetales fallecidos
y maderas nocturnas le rodean,
y en él aún duermen palomas entreabiertas
con ojos de cemento subterráneo.

Oh day of the dead! Oh distance toward which
the dead spike lies with its smell of lightning,
oh galleries yielding up a nest
and a fish and a cheek and a sword,
all ground up amid confusion,
all hopelessly decayed,
all in the dry abyss nourished
between the teeth of the hard earth.

And the feather to its soft bird,
and the moon to its film, and the perfume to its form,
and, among the roses, the disinterred one,
the man covered with mineral seaweed,
and to their two holes his eyes returning.

He is naked,
his clothes are not in the dust
and his broken skeleton has slipped to the bottom of hell,
and his beard has grown like the air in autumn,
and to the depths of his heart he wants to bite apples.

From his knees and his shoulders hang
scraps of oblivion, fibers of the ground,
areas of broken glass and aluminum,
shells of bitter corpses,
pockets of water converted into iron:
and meetings of terrible mouths
spilt and blue,
and boughs of sorrowful coral
make a garland on his green head,
and sad deceased vegetables
and nocturnal boards surround him,
and in him still sleep half-open doves
with eyes of subterranean cement.

Conde dulce, en la niebla,
oh recién despertado de las minas,
oh recién seco del agua sin río,
oh recién sin arañas!

Crujen minutos en tus pies naciendo,
tu sexo asesinado se incorpora,
y levantas la mano en donde vive
todavía el secreto de la espuma.

Sweet Count, in the mist,
oh recently awakened from the mines,
oh recently dry from the riverless water,
oh recently spiderless!

Minutes creak in your nascent feet,
your murdered sex rises up,
and you raise your hand where still
lives the secret of the foam.

VI

EL RELOJ CAÍDO EN EL MAR

Hay tanta luz sombría en el espacio
y tantas dimensiones de súbito amarillas,
porque no cae el viento
ni respiran las hojas.

Es un día domingo detenido en el mar,
un día como un buque sumergido,
una gota de tiempo que asaltan las escamas
ferozmente vestidas de humedad transparente.

Hay meses seriamente acumulados en una vestidura
que queremos oler llorando con los ojos cerrados,
y hay años en un solo ciego signo del agua
depositada y verde,
hay la edad que los dedos ni la luz apresaron,
mucho más estimable que un abanico roto,
mucho más silenciosa que un pie desenterrado,
hay la nupcial edad de los días disueltos
en una triste tumba que los peces recorren.

Los pétalos del tiempo caen inmensamente
como vagos paraguas parecidos al cielo,
creciendo en torno, es apenas
una campana nunca vista,
una rosa inundada, una medusa, un largo
latido quebrantado:

VI

THE CLOCK FALLEN INTO THE SEA

There is so much dark light in space
and so many dimensions suddenly yellow
because the wind does not fall
and the leaves do not breathe.

It is a Sunday day arrested in the sea,
a day like a submerged ship,
a drop of time assaulted by scales
that are fiercely dressed in transparent dampness.

There are months seriously accumulated in a vestment
that we wish to smell weeping with closed eyes,
and there are years in a single blind sign of water
deposited and green,
there is the age that neither fingers nor light captured,
much more praiseworthy than a broken fan,
much more silent than a disinterred foot,
there is the nuptial age of the days dissolved
in a sad tomb traversed by fish.

The petals of time fall immensely
like vague umbrellas looking like the sky,
growing around, it is scarcely
a bell never seen,
a flooded rose, a jellyfish, a long
shattered throbbing:

pero no es eso, es algo que toca y
　　gasta apenas,
una confusa huella sin sonido ni pájaros,
un desvanecimiento de perfumes y razas.

El reloj que en el campo se tendió sobre el musgo
y golpeó una cadera con su eléctrica forma
corre desvencijado y herido bajo el agua temible
que ondula palpitando de corrientes centrales.

but it's not that, it's something that scarcely touches and
    spends,
a confused trace without sound or birds,
a dissipation of perfumes and races.

The clock that in the field stretched out upon the moss
and struck a hip with its electric form
runs rickety and wounded beneath the fearful water
that ripples palpitating with central currents.

VUELVE EL OTOÑO

Un enlutado día cae de las campanas
como una temblorosa tela de vaga viuda,
es un color, un sueño
de cerezas hundidas en la tierra,
es una cola de humo que llega sin descanso
a cambiar el color del agua y de los besos.

No sé si se me entiende: cuando desde lo alto
se avecina la noche, cuando el solitario poeta
a la ventana oye correr el corcel del otoño
y las hojas del miedo pisoteado crujen en sus arterias,
hay algo sobre el cielo, como lengua de buey
espeso, algo en la duda del cielo y de la atmósfera.

Vuelven las cosas a su sitio,
el abogado indispensable, las manos, el aceite,
las botellas,
todos los indicios de la vida: las camas, sobre todo,
están llenas de un líquido sangriento,
la gente deposita sus confianzas en sórdidas orejas,
los asesinos bajan escaleras,
pero no es esto, sino el viejo galope,
el caballo del viejo otoño que tiembla y dura.

El caballo del viejo otoño tiene la barba roja
y la espuma del miedo le cubre las mejillas
y el aire que le sigue tiene forma de océano
y perfume de vaga podredumbre enterrada.

Todos los días baja del cielo un color ceniciento
que las palomas deben repartir por la tierra:
la cuerda que el olvido y las lágrimas tejen,

AUTUMN RETURNS

A day in mourning falls from the bells
like a trembling vague-widow cloth,
it is a color, a dream
of cherries buried in the earth,
it is a tail of smoke that restlessly arrives
to change the color of the water and the kisses.

I do not know if I make myself clear: when from on high
night approaches, when the solitary poet
at the window hears autumn's steed running
and the leaves of trampled fear rustle in his arteries,
there is something over the sky, like the tongue of a thick
ox, something in the doubt of the sky and the atmosphere.

Things return to their places,
the indispensable lawyer, the hands, the olive oil,
the bottles,
all the traces of life: the beds, above all,
are filled with a bloody liquid,
people deposit their confidences in sordid ears,
assassins go down stairs,
it is not this, however, but the old gallop,
the horse of the old autumn that trembles and endures.

The horse of the old autumn has a red beard
and the foam of fear covers its cheeks
and the air that follows it is shaped like an ocean
and a perfume of vague buried putrefaction.

Every day down from the sky comes an ashen color
that doves must spread over the earth:
the cord that forgetfulness and weeping weave,

el tiempo que ha dormido largos años dentro de las campanas,
todo,
los viejos trajes mordidos, las mujeres que ven venir la nieve,
las amapolas negras que nadie puede contemplar sin morir,
todo cae a las manos que levanto
en medio de la lluvia.

time that has slept long years within the bells,
everything,
the old tattered suits, the women who see snow coming,
the black poppies that no one can look at without dying,
everything falls into the hands that I lift
in the midst of the rain.

NO HAY OLVIDO (SONATA)

Si me preguntáis en dónde he estado
debo decir "Sucede."
Debo de hablar del suelo que oscurecen las piedras,
del río que durando se destruye:
no sé sino las cosas que los pájaros pierden,
el mar dejado atrás, o mi hermana llorando.
Por qué tantas regiones, por qué un día
se junta con un día? Por qué una negra noche
se acumula en la boca? Por qué muertos?

Si me preguntáis de dónde vengo, tengo que conversar con
      cosas rotas,
con utensilios demasiado amargos,
con grandes bestias a menudo podridas
y con mi acongojado corazón.

No son recuerdos los que se han cruzado
ni es la paloma amarillenta que duerme en el olvido,
sino caras con lágrimas,
dedos en la garganta,
y lo que se desploma de las hojas:
la oscuridad de un día transcurrido,
de un día alimentado con nuestra triste sangre.

He aquí violetas, golondrinas,
todo cuanto nos gusta y aparece
en las dulces tarjetas de larga cola
por donde se pasean el tiempo y la dulzura.

Pero no penetremos más allá de esos dientes,
no mordamos las cáscaras que el silencio acumula,

THERE IS NO OBLIVION (SONATA)

If you ask me where I have been
I must say "It so happens."
I must speak of the ground darkened by the stones,
of the river that enduring is destroyed:
I know only the things that the birds lose,
the sea left behind, or my sister weeping.
Why so many regions, why does a day
join a day? Why does a black night
gather in the mouth? Why dead people?

If you ask me where I come from, I have to converse with
     broken things,
with utensils bitter to excess,
with great beasts frequently rotted
and with my anguished heart.

Those that have crossed paths are not memories
nor is the yellowish dove that sleeps in oblivion,
they are tearful faces,
fingers at the throat,
and what falls down from the leaves:
the darkness of a day gone by,
of a day nourished with our sad blood.

Here are violets, swallows,
everything that pleases us and that appears
in the sweet long-trained cards
around which stroll time and sweetness.

But let us not penetrate beyond those teeth,
let us not bite the shells that silence gathers,

porque no sé qué contestar:
hay tantos muertos,
y tanos malecones que el sol rojo partía,
y tantas cabezas que golpean los buques,
y tantas manos que han encerrado besos,
y tantas cosas que quiero olvidar.

because I do not know what to answer:
there are so many dead,
so many sea walls that the red sun split,
and so many heads that beat against the ships,
and so many hands that have cradled kisses,
and so many things that I want to forget.

JOSIE BLISS

Color azul de exterminadas fotografías,
color azul con pétalos y paseos al mar,
nombre definitivo que cae en las semanas
con un golpe de acero que las mata.

Qué vestido, qué primavera cruza,
qué mano sin cesar busca senos, cabezas?
El evidente humo del tiempo cae en vano,
en vano las estaciones,
las despedidas donde cae el humo,
los precipitados acontecimientos que esperan con espada:
de pronto hay algo,
como un confuso ataque de pieles rojas,
el horizonte de la sangre tiembla, hay algo,
algo sin duda agita los rosales.

Color azul de párpados que la noche ha lamido,
estrellas de cristal desquiciado, fragmentos
de piel y enredaderas sollozantes,
color que el río cava golpeándose en la arena,
azul que ha preparado las grandes gotas.

Tal vez sigo existiendo en una calle que el aire hace llorar
con un determinado lamento lúgubre de tal manera
que todas las mujeres visten de sordo azul:
yo existo en ese día repartido,
existo allí como una piedra pisada por un buey,
como un testigo sin duda olvidado.

Color azul de ala de pájaro de olvido,
el mar completamente ha empapado las plumas,
su ácido degradado, su ola de peso pálido

JOSIE BLISS*

Blue color of exterminated photographs,
blue color with petals and walks to the sea,
definitive name that falls upon the weeks
with a steely blow that kills them.

What dress, what spring crosses by,
what hand endlessly seeks breasts, heads?
The evident smoke of time falls in vain,
in vain the seasons,
the farewells where the smoke falls,
the precipitous events that wait with a sword:
suddenly there is something,
like a confused attack of redskins,
the blood's horizon trembles, there is something,
something is surely shaking the rosebushes.

Blue color of eyelids licked by the night,
stars of unhinged crystal, fragments
of skin and sobbing vines,
color that the river digs smashing on the sand,
blue that has prepared the big drops.

Perhaps I go on existing on a street that the air makes weep
with a determined lugubrious lament so
that all the women dress in dull blue:
I exist in that distributed day,
I exist there like a stone stepped on by an ox,
like a witness without doubt forgotten.

Blue color of the wing of a bird of oblivion,
the sea has completely drenched the feathers,
its degraded acid, its wave of pallid weight

*The English name adopted by a Burmese who developed a passionate love for
and jealousy of Neruda. He had to abandon her to save his life.—D.D.W.

persigue las cosas hacinadas en los rincones del alma,
y en vano el humo golpea las puertas.

Ahí están, ahí están
los besos arrastrados por el polvo junto a un triste navío,
ahí están las sonrisas desaparecidas, los trajes que una mano
    sacude llamando el alba:
parece que la boca de la muerte no quiere morder rostros,
    dedos, palabras, ojos:
ahí están otra vez como grandes peces que completan el cielo
con su azul material vagamente invencible.

pursues things piled up in the corners of the soul,
and smoke beats in vain against the doors.

There they are, there they are,
the kisses dragged through the dust next to a joyless warship,
there are the vanished smiles, the suits that a hand
   shakes calling to the dawn:
it seems that death's mouth does not want to bite faces,
   fingers, words, eyes:
there they are again like great fish that complete the sky
with their vaguely invincible blue matter.

THIRD RESIDENCE   1935–45
(Tercera residencia)

I

LA AHOGADA DEL CIELO

Tejida mariposa, vestidura
colgada de los árboles,
ahogada en cielo, derivada
entre rachas y lluvias, sola, sola, compacta,
con ropa y cabellera hecha jirones
y centros corroídos por el aire.

Inmóvil, si resistes
la ronca aguja del invierno,
el río de agua airada que te acosa. Celeste
sombra, ramo de palomas
roto de noche entre las flores muertas:
yo me detengo y sufro
cuando como un sonido lento y lleno de frío
propagas tu arrebol golpeado por el agua.

I

THE DROWNED WOMAN OF THE SKY

Woven butterfly, garment
hung from the trees,
drowned in sky, derived
amid squalls and rains, alone, alone, compact,
with clothes and tresses torn to shreds
and centers corroded by the air.
                                    Motionless, if you withstand
the raucous needle of winter,
the river of angry water that harasses you. Celestial
shadow, dove branch
broken by night among the dead flowers:
I stop and suffer
when like a slow and cold-filled sound
you spread your red glow beaten by the water.

ALIANZA (SONATA)

Ni el corazón cortado por un vidrio
en un erial de espinas,
ni las aguas atroces vistas en los rincones
de ciertas casas, aguas como párpados y ojos,
podrían sujetar tu cintura en mis manos
cuando mi corazón levanta sus encinas
hacia tu inquebrantable hilo de nieve.

Nocturno azúcar, espíritu
de las coronas,
                              redimida
sangre humana, tus besos
me destierran,
y un golpe de agua con restos del mar
golpea los silencios que te esperan
rodeando las gastadas sillas, gastando puertas.

Noches con ejes claros,
partida, material, únicamente
voz, únicamente
desnuda cada día.
Sobre tus pechos de corriente inmóvil,
sobre tus piernas de dureza y agua,
sobre la permanencia y el orgullo
de tu pelo desnudo,
quiero estar, amor mío, ya tiradas las lágrimas
al ronco cesto donde se acumulan,
quiero estar, amor mío, solo con una sílaba
de plata destrozada, solo con una punta
de tu pecho de nieve.

Ya no es posible, a veces
ganar sino cayendo,
ya no es posible, entre dos seres

ALLIANCE (SONATA)

Neither the heart cut by a sliver of glass
in a wasteland of thorns,
nor the atrocious waters seen in the corners
of certain houses, waters like eyelids and eyes,
could hold your waist in my hands
when my heart lifts its oak trees
toward your unbreakable thread of snow.

Night sugar, spirit
of crowns,
         redeemed
human blood, your kisses
banish me,
and a surge of water with remnants of the sea
strikes the silences that wait for you
surrounding the worn-out chairs, wearing doors away.

Nights with bright pivots,
departure, matter, uniquely
voice, uniquely
naked each day.
Upon your breasts of still current,
upon your legs of harshness and water,
upon the permanence and pride
of your naked hair,
I want to lie, my love, the tears now cast
into the raucous basket where they gather,
I want to lie, my love, alone with a syllable
of destroyed silver, alone with a tip
of your snowy breast.

It is not now possible, at times,
to win except by falling,
it is not now possible, between two people,

temblar, tocar la flor del río:
hebras de hombre vienen como agujas,
tramitaciones, trozos,
familias de coral repulsivo, tormentas
y pasos duros por alfombras
de invierno.

Entre labios y labios hay ciudades
de gran ceniza y húmeda cimera,
gotas de cuándo y cómo, indefinidas
circulaciones:
entre labios y labios como por una costa
de arena y vidrio, pasa el viento.

Por eso eres sin fin, recógeme como si fueras
toda solemnidad, toda nocturna
como una zona, hasta que te confundas
con las líneas del tiempo.

                     Avanza en la dulzura,
ven a mi lado hasta que las digitales
hojas de los violines
hayan callado, hasta que los musgos
arraiguen en el trueno, hasta que del latido
de mano y mano bajen las raíces.

to tremble, to touch the river's flower:
man fibers come like needles,
transactions, fragments,
families of repulsive coral, tempests
and hard passages through carpets
of winter.

Between lips and lips there are cities
of great ash and moist crest,
drops of when and how, indefinite
traffic:
between lips and lips, as if along a coast
of sand and glass, the wind passes.

That is why you are endless, gather me up as if you were
all solemnity, all nocturnal
like a zone, until you merge
with the lines of time.

                          Advance in sweetness,
come to my side until the digital
leaves of the violins
have become silent, until the moss
takes root in the thunder, until from the throbbing
of hand and hand the roots come down.

VALS

Yo toco el odio como pecho diurno,
yo sin cesar, de ropa en ropa, vengo
durmiendo lejos.

No soy, no sirvo, no conozco a nadie,
no tengo armas de mar ni de madera,
no vivo en esta casa.

De noche y agua está mi boca llena.
La duradera luna determina
lo que no tengo.

Lo que tengo está en medio de las olas.
Un rayo de agua, un día para mí:
un fondo férreo.

No hay contramar, no hay escudo, no hay traje,
no hay especial solución insondable,
ni párpado vicioso.

Vivo de pronto y otras veces sigo.
Toco de pronto un rostro y me asesina.
No tengo tiempo.

No me busquéis entonces descorriendo
el habitual hilo salvaje o la
sangrienta enredadera.

No me llaméis: mi ocupación es ésa.
No preguntéis mi nombre ni mi estado.
Dejadme en medio de mi propia luna,
en mi terreno herido.

WALTZ

I touch hatred like a daily breast,
from clothes to clothes I come incessantly
sleeping far away.

I am not, I am no good, I don't know anyone,
I have no weapons of sea or of wood,
I do not live in this house.

With night and water my mouth is filled.
The durable moon determines
what I do not have.

What I do have is in the midst of the waves.
A thunderbolt of water, a day for me:
an iron bottom.

There is no countersea, no shield, no suit,
there is no special unfathomable solution,
or vicious eyelid.

I live suddenly and at other times I follow.
I suddenly touch a face and it murders me.
I have no time.

Do not seek me, then, drawing back
the customary savage thread or the
sanguinary vine.

Do not call me: that is my occupation.
Do not ask my name or my estate.
Leave me in the midst of my own moon,
in my wounded terrain.

BRUSELAS

De todo lo que he hecho, de todo lo que he perdido,
de todo lo que he ganado sobresaltadamente,
en hierro amargo, en hojas, puedo ofrecer un poco.

Un sabor asustado, un río que las plumas
de las quemantes águilas van cubriendo, un sulfúrico
retroceso de pétalos.

No me perdona ya la sal entera
ni el pan continuo, ni la pequeña iglesia devorada
por la lluvia marina, ni el carbón mordido
por la espuma secreta.

He buscado y hallado, pesadamente,
bajo la tierra, entre los cuerpos temibles,
como un diente de pálida madera
llegando y yendo bajo el ácido duro,
junto a los materiales
de la agonía, entre luna y cuchillos,
muriendo de nocturno.

Ahora, en medio
de la velocidad desestimada, al lado
de los muros sin hilos,
en el fondo cortado por los términos,
aquí estoy con aquello que pierde estrellas,
vegetalmente, solo.

BRUSSELS

Of all that I have done, of all that I have lost,
of all that I have won through fright,
in bitter iron, in leaves, I can offer a little.

A frightened taste, a river that the feathers
of burning eagles gradually cover, a sulphuric
retreat of petals.

                I am no longer forgiven by the entire salt
or the continuous bread, or the little church devoured
by the ocean rain, or the coal bitten
by the secret foam.

I have searched and found, heavily,
under the ground, among fearsome bodies,
a kind of tooth of pale wood
coming and going beneath the harsh acid,
next to the substances
of agony, between moon and knives,
dying of the night.

                Now, in the midst
of the disparaged speed, beside
the threadless walls,
in the depths cut by the ends,
here I am with that which loses stars,
vegetally, alone.

EL ABANDONADO

No preguntó por ti ningún día, salido
de los dientes del alba, del estertor nacido,
no buscó tu coraza, tu piel, tu continente
para lavar tus pies, tu salud, tu destreza,
un día de racimos indicados?
                          No nació para ti solo,
para ti sola, para ti la campana
con sus graves circuitos de primavera azul:
lo extenso de los gritos del mundo, el desarrollo
de los gérmenes fríos que tiemblan en la tierra, el silencio
de la nave en la noche, todo lo que vivió lleno de párpados
para desfallecer y derramar?
                       Te pregunto:
a nadie, a ti, a lo que eres, a tu pared, al viento,
si en el agua del río ves hacia ti corriendo
una rosa magnánima de canto y transparencia,
o si en la desbocada primavera agredida
por el primer temblor de las cuerdas humanas
cuando canta el cuartel a la luz de la luna
invadiendo la sombra del cerezo salvaje,
no has visto la guitarra que te era destinada,
y la cadera ciega que quería besarte?

Yo no sé: yo sólo sufro de no saber quién eres
y de tener la sílaba guardada por tu boca,
de detener los días más altos y enterrarlos
en el bosque, bajo las hojas ásperas y mojadas,
a veces, resguardado bajo el ciclón, sacudido
por los más asustados árboles, por el pecho
horadado de las tierras profundas, entumecido
por los últimos clavos boreales, estoy
cavando más allá de los ojos humanos,
más allá de las uñas del tigre, lo que a mis brazos llega
para ser repartido más allá de los días glaciales.

THE ABANDONED ONE

Did no day ask about you, emerged
from the teeth of dawn, born from death's rattle,
did it not seek your armor, your skin, your continent
to wash your feet, your health, your skill,
no day of appointed branches?
                              Was it not born for you alone,
man or woman, for you the bell
with its solemn circuits of blue spring:
the vastness of the world's shouts, the development
of the cold germs that tremble in the earth, the silence
of the ship in the night, all that lived covered with eyelids
in order to faint and scatter?
                              I ask you:
nobody, you, whatever you are, your wall, the wind,
if in the river water you see running toward you
a generous rose of song and transparence,
or if in licentious spring insulted
by the first tremor of human chords
when the barracks sing in the moonlight
invading the shadow of the wild cherry tree,
have you not seen the guitar destined for you,
and the blind hip that wanted to kiss you?

I do not know: I only suffer from not knowing who you are
and from having the syllable kept by your mouth,
from detaining the highest days and burying them
in the woods, beneath the harsh, damp leaves,
at times, shielded beneath the cyclone, shaken
by the most frightened trees, by the pierced
bosom of the deep earth, benumbed
by the last northern spikes, I am
digging beyond human eyes,
beyond the tiger's claws, what reaches my arms
to be spread beyond the glacial days.

Te busco, busco tu efigie entre las medallas
que el cielo gris modela y abandona,
no sé quién eres pero tanto te debo
que la tierra está llena de mi tesoro amargo.
Qué sal, qué geografía, qué piedra no levanta
su estandarte secreto de lo que resguardaba?
Qué hoja al caer no fue para mí un libro largo
de palabras por alguien dirigidas y amadas?
Bajo qué mueble oscuro no escondí los más dulces
suspiros enterrados que buscaban señales
y sílabas que a nadie pertenecieron?

Eres, eres tal vez, el hombre o la mujer
o la ternura que no descifró nada.
O tal vez no apretaste el firmamento oscuro
de los seres, la estrella palpitante, tal vez
al pisar no sabías que de la tierra ciega
emana el día ardiente de pasos que te buscan.

Pero nos hallaremos inermes, apretados
entre los dones mudos de la tierra final.

I look for you, I look for your image among the medals
that the gray sky models and abandons,
I do not know who you are but I owe you so much
that the earth is filled with my bitter treasure.
What salt, what geography, what stone does not lift
its secret banner from what it was shielding?
What leaf on falling was not for me a long book
of words addressed and loved by someone?
Beneath what dark furniture did I not hide the sweetest
buried sighs that sought signs
and syllables that belonged to no one?

You are, you are perhaps, the man or the woman
or the tenderness that deciphered nothing.
Or perhaps you did not clutch the dark human
firmament, the throbbing star, perhaps
on treading you did not know that from the blind earth
comes forth the ardent day of steps that seek you.

But we shall find ourselves unarmed, pressed
among the mute gifts of the final earth.

NACIENDO EN LOS BOSQUES

Cuando el arroz retira de la tierra
los granos de su harina,
cuando el trigo endurece sus pequeñas caderas y levanta
su rostro de mil manos,
a la enramada donde la mujer y el hombre se enlazan acudo,
para tocar el mar innumerable
de lo que continúa.

Yo no soy hermano del utensilio llevado en la marea
como en una cuna de nácar combatido:
no tiemblo en la comarca de los agonizantes despojos,
no despierto en el golpe de las tinieblas asustadas
por el ronco pecíolo de la campana repentina,
no puedo ser, no soy el pasajero
bajo cuyos zapatos los últimos reductos del viento palpitan
y rígidas retornan las olas del tiempo a morir.

Llevo en mi mano la paloma que duerme reclinada en la semilla
y en su fermento espeso de cal y sangre
vive Agosto,
vive el mes extraído de su copa profunda:
con mi mano rodeo la nueva sombra del ala que crece:
la raíz y la pluma que mañana formarán la espesura.

Nunca declina, ni junto al balcón de manos de hierro,
ni en el invierno marítimo de los abandonados, ni en
mi paso tardío,
el crecimiento inmenso de la gota, ni el párpado que
quiere ser abierto:
porque para nacer he nacido, para encerrar el paso
de cuanto se aproxima, de cuanto a mi pecho
golpea como un nuevo
corazón tembloroso.

BORN IN THE WOODS

When rice withdraws from earth
the grains of its flour,
when wheat hardens its little flanks and lifts up
    its thousand-handed face,
I hasten to the arbor where man and woman are linked
to touch the innumerable sea
of what endures.

I am not brother of the tool carried on the tide
as if in a cradle of aggressive pearl:
I do not tremble in the region of dying despoliation,
I do not wake to the thump of the darkness frightened
by the raucous clapper of the sudden bell,
I can not be, I am not the passenger
beneath whose shoes throb the last redoubts of the wind
and the rigid waves of time return to die.

I bear in my hand the dove that sleeps reclining on the seed
and in its thick ferment of lime and blood
lives August,
lives the month extracted from its deep goblet:
with my hand I surround the new shadow of the growing wing:
the root and the feather that tomorrow will form the thicket.

It never abates, neither next to the iron-handed balcony,
nor in the sea winter of the abandoned ones, nor in
    my slow step,
the immense swelling of the drop, or the eyelid that
    wants to be opened:
because I was born to be born, to cut off the passage
of everything that approaches, of everything that beats
    on my breast like a new
trembling heart.

Vidas recostadas junto a mi traje como palomas paralelas,
o contenidas en mi propia existencia y en mi desordenado sonido
para volver a ser, para incautar el aire desnudo de la hoja
y el nacimiento húmedo de la tierra en la guirnalda:
　　　hasta cuándo
debo volver y ser, hasta cuándo el olor
de las más enterradas flores, de las olas más trituradas
sobre las altas piedras, guarda en mí su patria
para volver a ser furia y perfume?

Hasta cuándo la mano del bosque en la lluvia
me avecina con todas sus agujas
para tejer los altos besos del follaje?
Otra vez
escucho aproximarse como el fuego en el humo,
nacer de la ceniza terrestre,
la luz llena de pétalos,
　　　　　　　y apartando la tierra
en un río de espigas llega el sol a mi boca
como una vieja lágrima enterrada que vuelve a ser semilla.

Lives lying next to my costume like parallel doves,
or contained in my own existence and in my disordered sound
to be again, to seize the naked air of the leaf
and the moist birth of the earth in the garland:
     how long
must I return and be, how long does the fragrance
of the most buried flowers, of the waves most pounded
on the high rocks, keep in me its homeland
to be again fury and perfume?

How long does the hand of the woods in the rain
bring me close with all its needles
to weave the lofty kisses of the foliage?
Again
I hear approach like fire in smoke,
spring up from earthly ash,
light filled with petals,
               and pushing earth away
in a river of flowerheads the sun reaches my mouth
like an old buried tear that becomes seed again.

II LAS FURIAS Y LAS PENAS

. . . Hay en mi corazón furias y penas . . .
Quevedo

(En 1934 fue escrito este poema. Cuántas cosas han sobrevenido desde entonces! España, donde lo escribí, es una cintura de ruinas. Ay! si con sólo una gota de poesía o de amor pudiéramos aplacar la ira del mundo, pero eso sólo lo pueden la lucha y el corazón resuelto.

El mundo ha cambiado y mi poesía ha cambiado. Una gota de sangre caída en estas líneas quedará viviendo sobre ellas, indeleble como el amor.

Marzo de 1939)

En el fondo del pecho estamos juntos,
en el cañaveral del pecho recorremos
un verano de tigres,
al acecho de un metro de piel fría,
al acecho de un ramo de inaccesible cutis,
con la boca olfateando sudor y venas verdes
nos encontramos en la húmeda sombra que deja caer besos.

Tú mi enemiga de tanto sueño roto de la misma manera
que erizadas plantas de vidrio, lo mismo que campanas
deshechas de manera amenazante, tanto como disparos
de hiedra negra en medio del perfume,
enemiga de grandes caderas que mi pelo han tocado
con un ronco rocío, con una lengua de agua,
no obstante el mudo frío de los dientes y el odio de
     los ojos,
y la batalla de agonizantes bestias que cuidan el olvido,
en algún sitio del verano estamos juntos
acechando con labios que la sed ha invadido.
Si hay alguien que traspasa

II FURIES AND SORROWS

. . . In my heart there are furies and sorrows . . .
Quevedo★

(This poem was written in 1934. How many things have come to pass since then! Spain, where I wrote it, is a circle of ruins. Ah, if with only a drop of poetry or love we could placate the anger of the world, but that can be done only by striving and by a resolute heart.

The world has changed and my poetry has changed. A drop of blood fallen on these lines will remain living upon them, indelible as love.
March 1939)

In the depths of our hearts we are together,
in the canefield of the heart we cross through
a summer of tigers,
on the watch for a meter of cold flesh,
on the watch for a bouquet of inaccessible skin,
with our mouths sniffing sweat and green veins
we find ourselves in the moist shadow that lets kisses fall.

You, my enemy of so much sleep broken just
like bristly plants of glass, like bells
destroyed menacingly, as much as shots
of black ivy in the midst of perfume,
my enemy with big hips that have touched my hair
with a harsh dew, with a tongue of water,
despite the mute coldness of the teeth and the hatred of
    the eyes,
and the battle of dying beasts that watch over oblivion,
in some summer place we are together
spying with lips invaded by thirst.
If there is someone that pierces

★Francisco de Quevedo y Villegas, 1580-1645, Spanish statesman, poet, and satirist.—D.D.W.

231

una pared con círculos de fósforo
y hiere el centro de unos dulces miembros
y muerde cada hoja de un bosque dando gritos,
tengo también tus ojos de sangrienta luciérnaga
capaces de impregnar y atravesar rodillas
y gargantas rodeadas de seda general.

Cuando en las reuniones
el azar, la ceniza, las bebidas,
el aire interrumpido,
pero ahí están tus ojos oliendo a cacería,
a rayo verde que agujerea pechos,
tus dientes que abren manzanas de las que cae sangre,
tus piernas que se adhieren al sol dando gemidos,
y tus tetas de nácar y tus pies de amapola,
como embudos llenos de dientes que buscan sombra,
como rosas hechas de látigo y perfume, y aun,
aun más, aun más,
aun detrás de los párpados, aun detrás del cielo,
aun detrás de los trajes y los viajes, en las calles donde
        la gente orina,
adivinas los cuerpos,
en las agrias iglesias a medio destruir, en las cabinas
        que el mar lleva en las manos,
acechas con tus labios sin embargo floridos,
rompes a cuchilladas la madera y la plata,
crecen tus grandes venas que asustan:
no hay cáscara, no hay distancia ni hierro,
tocan manos tus manos,
y caes haciendo crepitar las flores negras.
Adivinas los cuerpos!
Como un insecto herido de mandatos,
adivinas el centro de la sangre y vigilas
los músculos que postergan la aurora, asaltas sacudidas,
relámpagos, cabezas,
y tocas largamente las piernas que te guían.

a wall with circles of phosphorus
and wounds the center of some sweet members
and bites each leaf of a forest giving shouts,
I too have your bloody firefly eyes
that can impregnate and cross through knees
and throats surrounded by general silk.

When in meetings
chance, ashes, drinks,
the interrupted air,
but there are your eyes smelling of the hunt,
of green rays that riddle chests,
your teeth that open apples from which blood drips:
your legs that stick moaning to the sun
and your pearly teats and your poppy feet,
like funnels filled with teeth seeking shade,
like roses made of whips and perfume, and even,
even more, even more,
even behind the eyelids, even behind the sky,
even behind the costumes and the travels, in the streets where
        people urinate,
you sense the bodies,
in the sour half-destroyed churches, in the cabins
        that the sea bears in her hands,
you spy with your lips nonetheless florid,
you knife through wood and silver,
your great frightening veins swell:
there is no shell, there is no distance or iron,
your hands touch hands,
and you fall making the black flowers crackle.
You sense the bodies!
Like an insect wounded with warrants,
you sense the center of the blood and you watch over
the muscles that disregard the dawn, you attack shocks,
lightningflashes, heads,
and you touch lingering the legs that guide you.

Oh, conducida herida de flechas especiales!

Hueles lo húmedo en medio de la noche?

O un brusco vaso de rosales quemados?

Oyes caer la ropa, las llaves, las monedas
en las espesas casas donde llegas desnuda?
Mi odio es una sola mano que te indica
el callado camino, las sábanas en que alguien ha dormido
con sobresalto: llegas
y ruedas por el suelo manejada y mordida,
y el viejo olor del semen como una enredadera
de cenicienta harina se desliza a tu boca.

Ay leves locas copas y pestañas,
aire que inunda un entreabierto río
como una sola paloma de colérico cauce,
como atributo de agua sublevada,
ay substancias, sabores, párpados de ala viva
con un temblor, con una ciega flor temible,
ay graves, serios pechos como rostros,
ay grandes muslos llenos de miel verde,
y talones y sombra de pies, y transcurridas
respiraciones y superficies de pálida piedra,
y duras olas que suben la piel hacia la muerte
llenas de celestiales harinas empapadas.
Entonces, este río
va entre nosotros, y por una ribera
vas tú mordiendo bocas?

Entonces es que estoy verdaderamente, verdaderamente lejos
y un río de agua ardiendo pasa en lo oscuro?
Ay cuántas veces eres la que el odio no nombra,
y de qué modo hundido en las tinieblas,
y bajo qué lluvias de estiércol machacado
tu estatua en mi corazón devora el trébol.

Oh guided wound of special arrows!

Do you smell the damp in the middle of the night?

Or a brusque vase of burnt rosebushes?

Do you hear the drop of clothes, keys, coins
in the filthy houses where you come naked?
My hatred is a single hand that shows you
the silent road, the sheets where somebody has slept
in fear: you come
and roll on the floor handled and bitten,
and the old odor of semen like a clinging vine
of ashy flour slithers to your mouth.

Ah slight and silly wineglasses and eyelashes,
air that floods a half-open river
like a single dove of irate river bed,
like an emblem of rebellious water,
ah substances, tastes, live-winged eyelids
with a trembling, with a blind fearful flower,
ah grave, serious breasts like faces,
ah huge thighs covered with green honey,
and heels and shadow of feet, and spent
breath and surfaces of pale stone,
and harsh waves that mount the skin toward death
covered with heavenly soaked flour.
Then, this river,
does it go between us, and along one shore
do you go biting mouths?

Then am I really, really far away
and does a river of burning water flow by in the dark?
Ah how often you are the one that hatred does not name,
and how sunken in the darkness
and under what showers of mashed manure
your statue devours the clover in my heart.

El odio es un martillo que golpea tu traje
y tu frente escarlata,
y los días del corazón caen en tus orejas
como vagos búhos de sangre eliminada,
y los collares que gota a gota se formaron con lágrimas
rodean tu garganta quemándote la voz como con hielo.

Es para que nunca, nunca
hables, es para que nunca, nunca
salga una golondrina del nido de la lengua
y para que las ortigas destruyan tu garganta
y un viento de buque áspero te habite.

En dónde te desvistes?
En un ferrocarril, junto a un peruano rojo
o con un segador, entre terrones, a la violenta
        luz del trigo?
O corres con ciertos abogados de mirada terrible
largamente desnuda, a la orilla del agua de la noche?
Miras: no ves la luna ni el jacinto
ni la oscuridad goteada de humedades,
ni el tren de cieno, ni el marfil partido:
ves cinturas delgadas como oxígeno,
pechos que aguardan acumulando peso
e idéntica al zafiro de lunar avaricia
palpitas desde el dulce ombligo hasta las rosas.

Por qué sí? Por qué no? Los días descubiertos
aportan roja arena sin cesar destrozada
a las hélices puras que inauguran el día,
y pasa un mes con corteza de tortuga,
pasa un estéril día,
pasa un buey, un difunto,
una mujer llamada Rosalía,

Hatred is a hammer that strikes your gown
and your scarlet brow,
and the days of the heart fall on your ears
like vague owls with eliminated blood,
and the necklaces that tears formed drop by drop
encircle your throat burning your voice as if with ice.

It is so that you will
never, never speak, it is so that never, never
will a swallow come out of the tongue's nest
and so that its nettles will destroy your throat
and a bitter ship's wind will dwell in you.

Where do you undress?
In a railroad station, next to a red Peruvian
or with a harvester, among the clods, by the violent
        light of the wheat?
Or do you run around with certain fearful-looking lawyers,
you stretched out nude, at the edge of the water of night?
You look: you do not see the moon or the hyacinth
or the darkness dripping with dampness,
or the slimy train, or the split ivory:
you see waists as slender as oxygen,
breasts that wait getting heavier
and just like the sapphire of lunar avarice
you flutter from the sweet navel to the roses.

Why do you? Why not? The naked days
bring red sand ceaselessly shattered
to the pure propellers that inaugurate the day,
and a month goes by with tortoise shell,
a sterile day goes by,
an ox, a corpse goes by,
a woman named Rosalie,

y no queda en la boca sino un sabor de pelo
y de dorada lengua que con sed se alimenta.
Nada sino esa pulpa de los seres,
nada sino esa copa de raíces.

Yo persigo como en un túnel roto, en otro extremo,
carne y besos que debo olvidar injustamente,
y en las aguas de espaldas, cuando ya los espejos
avivan el abismo, cuando la fatiga, los sórdidos relojes
golpean a la puerta de hoteles suburbanos, y cae
la flor de papel pintado, y el terciopelo cagado por
      las ratas y la cama
cien veces ocupada por miserables parejas, cuando
todo me dice que un día ha terminado, tú y yo
hemos estado juntos derribando cuerpos,
construyendo una casa que no dura ni muere,
tú y yo hemos corrido juntos un mismo río
con encadenadas bocas llenas de sal y sangre,
tú y yo hemos hecho temblar otra vez las luces verdes
y hemos solicitado de nuevo las grandes cenizas.

Recuerdo sólo un día
que tal vez nunca me fue destinado,
era un día incesante,
sin orígenes, Jueves.
Yo era un hombre trasportado al acaso
con una mujer hallada vagamente,
nos desnudamos
como para morir o nadar o envejecer
y nos metimos uno dentro del otro,
ella rodeándome como un agujero,
yo quebrantándola como quien
golpea una campana,
pues ella era el sonido que me hería
y la cúpula dura decidida a temblar.

and in the mouth remains only a taste of hair
and of golden tongue nourished on thirst.
Nothing but that human pulp,
nothing but that goblet of roots.

As if in a broken tunnel, at another end, I pursue
flesh and kisses that I must forget unjustly,
and in the waters, on our backs when the mirrors now
enliven the abyss, when fatigue, the sordid clocks
knock at the doors of suburban hotels, and the flower
of painted paper falls, and the velvet shit by
      the rats and the bed
a hundred times occupied by wretched couples, when
everything tells me that a day has ended, you and I
have been together knocking bodies down,
building a house that neither endures nor dies,
you and I together have gone down a single river
with linked mouths filled with salt and blood,
you and I have made tremble once again the green lights
and we have asked once more for the great ashes.

I remember only a day
that perhaps was never intended for me,
it was an incessant day,
without origins, Thursday.
I was a man transported by chance
with a woman vaguely found,
we undressed
as if to die or swim or grow old
and we thrust ourselves one inside the other,
she surrounding me like a hole,
I cracking her like one who
strikes a bell,
for she was the sound that wounded me
and the hard dome determined to tremble.

Era una sorda ciencia con cabello y cavernas
y machacando puntas de médula y dulzura
he rodado a las grandes coronas genitales
entre piedras y asuntos sometidos.

Éste es un cuento de puertos adonde
llega uno, al azar, y sube a las colinas,
suceden tantas cosas.

Enemiga, enemiga,
es posible que el amor haya caído al polvo
y no haya sino carne y huesos velozmente adorados
mientras el fuego se consume
y los caballos vestidos de rojo galopan al infierno?

Yo quiero para mí la avena y el relámpago
a fondo de epidermis,
y el devorante pétalo desarrollado en furia,
y el corazón labial del cerezo de Junio,
y el reposo de lentas barrigas que arden sin dirección,
pero me falta un suelo de cal con lágrimas
y una ventana donde esperar espumas.

Así es la vida,
corre tú entre las hojas, un otoño
negro ha llegado,
corre vestida con una falda de hojas y un cinturón
        de metal amarillo,
mientras la neblina de la estación roe las piedras.
Corre con tus zapatos, con tus medias,
con el gris repartido, con el hueco del pie, y con
        esas manos que el tabaco salvaje adoraría,
golpea escaleras, derriba
el papel negro que protege las puertas,
y entra en medio del sol y la ira de un día de puñales
a echarte como paloma de luto y nieve sobre
        un cuerpo.

It was a dull business of hair and caverns
and crushing tips of marrow and sweetness
I have reached the great genital wreaths
among stones and submitted subjects.

This is a tale of ports which
one reaches, by chance, and goes up to the hills,
so many things happen.

Enemy, enemy,
is it possible that love has fallen to the dust
and that there is only flesh and bones swiftly adored
while the fire is consumed
and the red-dressed horses gallop into hell?

I want for myself the oats and the lightning
flesh bottomed,
and the devouring petal unfolded in fury,
and the labial heart of the June cherry tree,
and the repose of slow paunches that burn without direction,
but I lack a floor of lime with tears
and a window at which to wait for foam.

That's the way life is,
you, run among the leaves, a black
autumn has come,
run dressed with a skirt of leaves and a belt
        of yellow metal,
while the mist of the station corrodes the stones.
Run with your shoes, with your stockings,
with the distributed gray, with the hollow of the foot, and with
        those hands that wild tobacco would adore,
strike staircases, knock down
the black paper that protects doors,
and enter amid the sun and the anger of a day of daggers
to throw yourself like a dove of mourning and snow upon
        a body.

Es una sola hora larga como una vena,
y entre el ácido y la paciencia del tiempo arrugado
transcurrimos,
apartando las sílabas del miedo y la ternura,
interminablemente exterminados.

It is a single hour long as a vein,
and between the acid and the patience of wrinkled time
we pass,
separating the syllables of fear and tenderness,
interminably exterminated.

III REUNIÓN BAJO LAS NUEVAS BANDERAS

Quién ha mentido? El pie de la azucena
roto, insondable, oscurecido, todo
lleno de herida y resplandor oscuro!
Todo, la norma de ola en ola en ola,
el impreciso túmulo del ámbar
y las ásperas gotas de la espiga!
Fundé mi pecho en esto, escuché toda
la sal funesta: de noche
fui a plantar mis raíces:
averigüé lo amargo de la tierra:
todo fue para mí noche o relámpago:
cera secreta cupo en mi cabeza
y derramó cenizas en mis huellas.

Y para quién busqué este pulso frío
sino para una muerte?
Y qué instrumento perdí en las tinieblas
desamparadas, donde nadie me oye?
No,
        ya era tiempo, huid,
sombras de sangre,
hielos de estrella, retroceded al paso de los pasos humanos
y alejad de mis pies la negra sombra!

Yo de los hombres tengo la misma mano herida,
yo sostengo la misma copa roja
e igual asombro enfurecido:
                                un día

III MEETING UNDER NEW FLAGS

Who has lied? The foot of the lily
broken, inscrutable, darkened, all
filled with wound and dark splendor!
All, the norm from wave to wave to wave,
the imprecise tumulus of the amber
and the harsh drops of the flower!
I based my heart on this, I listened to all
the sorrowful salt: by night
I went to plant my roots.
I discovered the bitterness of the earth:
for me everything was night or lightningflash:
secret wax settled in my head
and scattered ashes in my tracks.

And for whom did I seek this cold pulse
if not for a death?
And what instrument did I lose in the forsaken
darkness, where no one hears me?
No,
      it was high time, flee,
shadows of blood,
starry ice, retreat at the pace of human steps
and remove from my feet the black shadow!

I have the same wounded hand that men have,
I hold up the same red cup
and an equally furious amazement:
                              one day

palpitante de sueños
humanos, un salvaje
cereal ha llegado
a mi devoradora noche
para que junte mis pasos de lobo
a los pasos del hombre.
                        Y así reunido,
duramente central, no busco asilo
en los huecos del llanto: muestro
la cepa de la abeja: pan radiante
para el hijo del hombre: en el misterio el azul se prepara
para mirar un trigo lejano de la sangre.

Dónde está tu sitio en la rosa?
En dónde está tu párpado de estrella?
Olvidaste esos dedos de sudor que enloquecen
por alcanzar la arena?
                        Paz para ti, sol sombrío,
paz para ti, frente ciega,
hay un quemante sitio para ti en los caminos,
hay piedras sin misterio que te miran,
hay silencios de cárcel con una estrella loca,
desnuda, desbocada, contemplando el infierno.
Juntos, frente al sollozo!
                        Es la hora
alta de tierra y de perfume, mirad este rostro
recién salido de la sal terrible,
mirad esta boca amarga que sonríe,
mirad este nuevo corazón que os saluda
con su flor desbordante, determinada y áurea.

burning with human
dreams, a wild
oat reached
my devouring night
so that I could join my wolf steps
to the steps of man.
                    And thus united,
sternly central, I seek no shelter
in the hollows of weeping: I show
the bee's root: radiant bread
for the son of man: in mystery blue prepares itself
to look at wheat distant from the blood.

Where is your place in the rose?
Where is your starry eyelid?
Did you forget those sweaty fingers mad
to reach the sand?
                    Peace to you, dark sun,
peace to you, blind brow,
there is a burning place for you in the roads,
there are stones without mystery that look at you,
there are silences of a prison with a mad star,
naked, foulmouthed, contemplating hell.
Together, facing the sobbing!
                    It is the high
hour of earth and perfume, look at this face
just come from the terrible salt,
look at this bitter mouth that smiles,
look at this new heart that greets you
with its overflowing flower, resolute and golden.

IV ESPAÑA EN EL CORAZÓN

Para empezar, para sobre la rosa
pura y partida, para sobre el origen
de cielo y aire y tierra, la voluntad de un canto
con explosiones, el deseo
de un canto inmenso, de un metal que recoja
guerra y desnuda sangre.
                              España, cristal de copa, no diadema,
sí machacada piedra, combatida ternura
de trigo, cuero y animal ardiendo.

BOMBARDEO MALDICIÓN

Mañana, hoy, por tus pasos
un silencio, un asombro de esperanzas
como un aire mayor: una luz, una luna,
luna gastada, luna de mano en mano,
de campana en campana!
                              Madre natal, puño
de avena endurecida,
                      planeta
seco y sangriento de los héroes!
Quién?, por caminos, quién,
quién, quién? en sombra, en sangre, quién?
en destello, quién,
                      quién? Cae
ceniza cae,
hierro
y piedra y muerte y llanto y llamas,

IV SPAIN IN OUR HEARTS

INVOCATION

To begin, pause over the pure
and cleft rose, pause over the source
of sky and air and earth, the will of a song
with explosions, the desire
of an immense song, of a metal that will gather
war and naked blood.
                        Spain, water glass, not diadem,
but yes crushed stone, militant tenderness
of wheat, hide and burning animal.

BOMBARDMENT/CURSE

Tomorrow, today, in your steps
a silence, an astonishment of hopes
like a major air: a light, a moon,
a worn-out moon, a moon from hand to hand,
from bell to bell!
                        Natal mother, fist
of hardened oats,
                        dry
and bloody planet of heroes!
Who? by roads, who,
who, who? in shadows, in blood, who?
in a flash, who,
                        who? Ashes
fall, fall,
iron
and stone and death and weeping and flames,

quién, quién, madre mía, quién, adónde?
Patria surcada, juro que en tus cenizas
nacerás como flor de agua perpetua,
juro que de tu boca de sed saldrán al aire
los pétalos del pan, la derramada
espiga inaugurada. Malditos sean,
malditos, malditos los que con hacha y serpiente
llegaron a tu arena terrenal, malditos los
que esperaron este día para abrir la puerta
de la mansión al moro y al bandido:
qué habéis logrado? Traed, traed la lámpara,
ved el suelo empapado, ved el huesito negro
comido por las llamas, la vestidura
de España fusilada.

ESPAÑA POBRE POR CULPA DE LOS RICOS

Malditos los que un día
no miraron, malditos ciegos malditos,
los que no adelantaron a la solemne patria
el pan sino las lágrimas, malditos
uniformes manchados y sotanas
de agrios, hediondos perros de cueva y sepultura.
La pobreza era por España
como caballos llenos de humo,
como piedras caídas del
manantial de la desventura,
tierras cereales sin
abrir, bodegas secretas
de azul y estaño, ovarios, puertas, arcos
cerrados, profundidades
que querían parir, todo estaba guardado
por triangulares guardias con escopeta,
por curas de color de triste rata,
por lacayos del rey de inmenso culo.

who, who, mother, who, where?
Furrowed motherland, I swear that in your ashes
you will be born like a flower of eternal water,
I swear that from your mouth of thirst will come to the air
the petals of bread, the spilt
inaugurated flower. Cursed,
cursed, cursed be those who with ax and serpent
came to your earthly arena, cursed those
who waited for this day to open the door
of the dwelling to the Moor and the bandit:
what have you achieved? Bring, bring the lamp,
see the soaked earth, see the blackened little bone
eaten by the flames, the garment
of murdered Spain.

SPAIN POOR THROUGH THE FAULT OF THE RICH

Cursed be those who one day
did not look, cursed cursed blind,
those who offered the solemn fatherland
not bread but tears, cursed
sullied uniforms and cassocks
of sour, stinking dogs of cave and grave.
Poverty was throughout Spain
like horses filled with smoke,
like stones fallen from the
spring of misfortune,
grainlands still
unopened, secret storehouses
of blue and tin, ovaries, doors, closed
arches, depths
that tried to give birth, all was guarded
by triangular guards with guns,
by sad-rat-colored priests,
by lackeys of the huge-rumped king.

España dura, país manzanar y pino,
te prohibían tus vagos señores:
A no sembrar, a no parir las minas,
a no montar las vacas, al ensimismamiento
de las tumbas, a visitar cada año
el monumento de Cristóbal el marinero, a relinchar
discursos con macacos venidos de América,
iguales en "posición social" y podredumbre.
No levantéis escuelas, no hagáis crujir la cáscara
terrestre con arados, no llenéis los graneros
de abundancia trigal: rezad, bestias, rezad,
que un dios de culo inmenso como el culo del rey
os espera: "Allí tomaréis sopa, hermanos míos."

LA TRADICIÓN

En las noches de España, por los viejos jardines
la tradición, llena de mocos muertos,
chorreando pus y peste se paseaba
con una cola en bruma, fantasmal y fantástica,
vestida de asma y huecos levitones sangrientos,
y su rostro de ojos profundos detenidos
eran verdes babosas comiendo tumba,
y su boca sin muelas mordía cada noche
la espiga sin nacer, el mineral secreto,
y pasaba con su corona de cardos verdes
sembrando vagos huesos de difunto y puñales.

MADRID (1936)

Madrid sola y solemne, Julio te sorprendió con tu alegría
de panal pobre: clara era tu calle,
claro era tu sueño.
                    Un hipo negro

Tough Spain, land of apple orchards and pines,
your idle lords ordered you:
Do not sow the land, do not give birth to mines,
do not breed cows, but contemplate
the tombs, visit each year
the monument of Columbus the sailor, neigh
speeches with monkeys come from America,
equal in "social position" and in putrefaction.
Do not build schools, do not break open earth's
crust with plows, do not fill the granaries
with abundance of wheat: pray, beasts, pray,
for a god with a rump as huge as the king's rump
awaits you: "There you will have soup, my brethren."

TRADITION

In the nights of Spain, through the old gardens,
tradition, covered with dead snot,
spouting pus and pestilence, strolled
with its tail in the fog, ghostly and fantastic,
dressed in asthma and bloody hollow frock coats,
and its face with sunken staring eyes
was green slugs eating graves,
and its toothless mouth each night bit
the unborn flower, the secret mineral,
and it passed with its crown of green thistles
sowing vague deadmen's bones and daggers.

MADRID (1936)

Madrid, alone and solemn, July surprised you with your joy
of humble honeycomb: bright was your street,
bright was your dream.
                    A black vomit

de generales, una ola
de sotanas rabiosas
rompió entre tus rodillas
sus cenegales aguas, sus ríos de gargajo.

Con los ojos heridos todavía de sueño,
con escopeta y piedras, Madrid, recién herida,
te defendiste. Corrías
por las calles
dejando estelas de tu santa sangre,
reuniendo y llamando con una voz de océano,
con un rostro cambiado para siempre
por la luz de la sangre, como una vengadora
montaña, como una silbante
estrella de cuchillos.

Cuando en los tenebrosos cuarteles, cuando en las sacristías
de la traición entró tu espada ardiendo,
no hubo sino silencio de amanecer, no hubo
sino tu paso de banderas,
y una honorable gota de sangre en tu sonrisa.

Explico algunas cosas

Preguntaréis: Y dónde están las lilas?
Y la metafísica cubierta de amapolas?
Y la lluvia que a menudo golpeaba
sus palabras llenándolas
de agujeros y pájaros?

Os voy a contar todo lo que me pasa.

Yo vivía en un barrio
de Madrid, con campanas,
con relojes, con árboles.

of generals, a wave
of rabid cassocks
poured between your knees
their swampy waters, their rivers of spittle.

With eyes still wounded by sleep,
with guns and stones, Madrid, newly wounded,
you defended yourself. You ran
through the streets
leaving trails of your holy blood,
rallying and calling with an oceanic voice,
with a face changed forever
by the light of blood, like an avenging
mountain, like a whistling
star of knives.

When into the dark barracks, when into the sacristies
of treason your burning sword entered,
there was only silence of dawn, there was
only your passage of flags,
and an honorable drop of blood in your smile.

I EXPLAIN A FEW THINGS

You will ask: And where are the lilacs?
And the metaphysical blanket of poppies?
And the rain that often struck
your words filling them
with holes and birds?

I am going to tell you all that is happening to me.

I lived in a quarter
of Madrid, with bells,
with clocks, with trees.

Desde allí se veía
el rostro seco de Castilla
como un océano de cuero.

                          Mi casa era llamada
la casa de las flores, porque por todas partes
estallaban geranios: era
una bella casa
con perros y chiquillos.
                          Raúl, te acuerdas?
Te acuerdas, Rafael?
                          Federico, te acuerdas
debajo de la tierra,
te acuerdas de mi casa con balcones en donde
la luz de Junio ahogaba flores en tu boca?

                          Hermano, hermano!
Todo
era grandes voces, sal de mercaderías,
aglomeraciones de pan palpitante,
mercados de mi barrio de Argüelles con su estatua
como un tintero pálido entre las merluzas:
el aceite llegaba a las cucharas,
un profundo latido
de pies y manos llenaba las calles,
metros, litros, esencia
aguda de la vida,
                          pescados hacinados,
contextura de techos con sol frío en el cual
la flecha se fatiga,
delirante marfil fino de las patatas,
tomates repetidos hasta el mar.

Y una mañana todo estaba ardiendo
y una mañana las hogueras

From there one could see
the lean face of Spain
like an ocean of leather.

My house was called
the house of flowers, because it was bursting
everywhere with geraniums: it was
a fine house
with dogs and children.
Raúl, do you remember?
Do you remember, Rafael?
Federico,★ do you remember
under the ground,
do you remember my house with balconies where
June light smothered flowers in your mouth?

Brother, brother!

Everything
was great shouting, salty goods,
heaps of throbbing bread,
markets of my Argüelles quarter with its statue
like a pale inkwell among the haddock:
the olive oil reached the ladles,
a deep throbbing
of feet and hands filled the streets,
meters, liters, sharp
essence of life,
fish piled up,
pattern of roofs with cold sun on which
the vane grows weary,
frenzied fine ivory of the potatoes,
tomatoes stretching to the sea.

And one morning all was aflame
and one morning the fires

★Federico was García Lorca.—D.D.W.

257

salían de la tierra
devorando seres,
y desde entonces fuego,
pólvora desde entonces,
y desde entonces sangre.

Bandidos con aviones y con moros,
bandidos con sortijas y duquesas,
bandidos con frailes negros bendiciendo
venían por el cielo a matar niños,
y por las calles la sangre de los niños
corría simplemente, como sangre de niños.

Chacales que el chacal rechazaría,
piedras que el cardo seco mordería escupiendo,
víboras que las víboras odiaran!

Frente a vosotros he visto la sangre
de España levantarse
para ahogaros en una sola ola
de orgullo y de cuchillos!

Generales
traidores:
mirad mi casa muerta,
mirad España rota:
pero de cada casa muerta sale metal ardiendo
en vez de flores,
pero de cada hueco de España
sale España,
pero de cada niño muerto sale un fusil con ojos,
pero de cada crimen nacen balas
que os hallarán un día el sitio
del corazón.

came out of the earth
devouring people,
and from then on fire,
gunpowder from then on,
and from then on blood.

Bandits with airplanes and with Moors,
bandits with rings and duchesses,
bandits with black-robed friars blessing
came through the air to kill children,
and through the streets the blood of the children
ran simply, like children's blood.

Jackals that the jackal would spurn,
stones that the dry thistle would bite spitting,
vipers that vipers would abhor!

Facing you I have seen the blood
of Spain rise up
to drown you in a single wave
of pride and knives!

Treacherous
generals:
look at my dead house,
look at broken Spain:
but from each dead house comes burning metal
instead of flowers,
but from each hollow of Spain
Spain comes forth,
but from each dead child comes a gun with eyes,
but from each crime are born bullets
that will one day seek out in you
where the heart lies.

Preguntaréis por qué su poesía
no nos habla del sueño, de las hojas,
de los grandes volcanes de su país natal?

Venid a ver la sangre por las calles,
venid a ver
la sangre por las calles,
venid a ver la sangre
por las calles!

Canto a las madres de los milicianos muertos

No han muerto! Están en medio
de la pólvora,
de pie, como mechas ardiendo.

Sus sombras puras se han unido
en la pradera de color de cobre
como una cortina de viento blindado,
como una barrera de color de furia,
como el mismo invisible pecho del cielo.

Madres! Ellos están de pie en el trigo,
altos como el profundo mediodía,
dominando las grandes llanuras!
Son una campanada de voz negra
que a través de los cuerpos de acero asesinado
repica la victoria.
                              Hermanas como el polvo
caído, corazones
quebrantados,
tened fe en vuestros muertos.
No sólo son raíces
bajo las piedras teñidas de sangre,
no sólo sus pobres huesos derribados

You will ask: why does your poetry
not speak to us of sleep, of the leaves,
of the great volcanoes of your native land?

Come and see the blood in the streets,
come and see
the blood in the streets,
come and see the blood
in the streets!

SONG FOR THE MOTHERS OF SLAIN MILITIAMEN

They have not died! They are in the midst
of the gunpowder,
standing, like burning wicks.

Their pure shadows have gathered
in the copper-colored meadowland
like a curtain of armored wind,
like a barricade the color of fury,
like the invisible heart of heaven itself.

Mothers! They are standing in the wheat,
tall as the depth of noon,
dominating the great plains!
They are a black-voiced bell stroke
that across the bodies murdered by steel
is ringing out victory.
                  Sisters like the fallen
dust, shattered
hearts,
have faith in your dead.
They are not only roots
beneath the bloodstained stones,
not only do their poor demolished bones

definitivamente trabajan en la tierra,
sino que aún sus bocas muerden pólvora seca
y atacan como océanos de hierro, y aún
sus puños levantados contradicen la muerte.
Porque de tantos cuerpos una vida invisible
se levanta. Madres, banderas, hijos!
Un solo cuerpo vivo como la vida:
un rostro de ojos rotos vigila las tinieblas
con una espada llena de esperanzas terrestres!

Dejad
vuestros mantos de luto, juntad todas
vuestras lágrimas hasta hacerlas metales:
que allí golpeamos de día y de noche,
allí pateamos de día y de noche,
allí escupimos de día y de noche
hasta que caigan las puertas del odio!
Yo no me olvido de vuestras desgracias, conozco
vuestros hijos,
y si estoy orgulloso de sus muertes,
estoy también orgulloso de sus vidas.

                                        Sus risas
relampagueaban en los sordos talleres,
sus pasos en el Metro
sonaban a mi lado cada día, y junto
a las naranjas de Levante, a las redes del Sur, junto
a la tinta de las imprentas, sobre el cemento
        de las arquitecturas
he visto llamear sus corazones de fuego y energías.

Y como en vuestros corazones, madres,
hay en mi corazón tanto luto y tanta muerte
que parece una selva
mojada por la sangre que mató sus sonrisas,
y entran en él las rabiosas nieblas del desvelo con la
        desgarradora soledad de los días.

262

definitively till the soil,
but their mouths still bite dry powder
and attack like iron oceans, and still
their upraised fists deny death.
Because from so many bodies an invisible life
rises up. Mothers, banners, sons!
A single body as alive as life:
a face of broken eyes keeps vigil in the darkness
with a sword filled with earthly hopes!

Put aside
your mantles of mourning, join all
your tears until you make them metal:
for there we strike by day and by night,
there we kick by day and by night,
there we spit by day and by night
until the doors of hatred fall!
I do not forget your misfortunes, I know
your sons,
and if I am proud of their deaths,
I am also proud of their lives.

                              Their laughter
flashed in the silent workshops,
their steps in the subway
sounded at my side each day, and next
to the oranges from the Levant, to the nets from the South, next
to the ink from the printing presses, over the cement
        of the architecture
I have seen their hearts flame with fire and energy.

And just as in your hearts, mothers,
there is in my heart so much mourning and so much death
that it is like a forest
drenched by the blood that killed their smiles,
and into it enter the rabid mists of vigilance with the
        rending loneliness of the days.

Pero
más que la maldición a las hienas sedientas, al
    estertor bestial,
que aúlla desde el Africa sus patentes inmundas,
más que la cólera, más que el desprecio, más que el llanto,
madres atravesadas por la angustia y la muerte,
mirad el corazón del noble día que nace,
y sabed que vuestros muertos sonríen desde la tierra
levantando los puños sobre el trigo.

CÓMO ERA ESPAÑA

Era España tirante y seca, diurno
tambor de son opaco,
llanura y nido de águilas, silencio
de azotada intemperie.

Cómo, hasta el llanto, hasta el alma
amo tu duro suelo, tu pan pobre,
tu pueblo pobre, cómo hasta el hondo sitio
de mi ser hay la flor perdida de tus aldeas
arrugadas, inmóviles de tiempo,
y tus campiñas minerales
extendidas en luna y en edad
y devoradas por un dios vacío.

Todas tus estructuras, tu animal
aislamiento junto a tu inteligencia
rodeada por las piedras abstractas del silencio,
tu áspero vino, tu suave
vino, tus violentas
y delicadas viñas.

Piedra solar, pura entre las regiones
del mundo, España recorrida

But
more than curses for the thirsty hyenas, the bestial
      death rattle,
that howls from Africa its filthy privileges,
more than anger, more than scorn, more than weeping,
mothers pierced by anguish and death,
look at the heart of the noble day that is born,
and know that your dead ones smile from the earth
raising their fists above the wheat.

WHAT SPAIN WAS LIKE

Spain was tense and lean, a daily
drum of opaque sound,
plainland and eagle's nest, silence
of scourged inclemency.

How, even to weeping, even to the soul,
I love your hard earth, your humble bread,
your humble people, how even to the deep seat
of my existence there is the lost flower of your wrinkled
villages, motionless in time,
and your mineral countrysides
extended in moon and age
and devoured by an empty god.

All your structures, your animal
isolation next to your intelligence
surrounded by the abstract stones of silence,
your bitter wine, your smooth
wine, your violent
and delicate vineyards.

Ancestral stone, pure among the regions
of the world, Spain crossed

por sangres y metales, azul y victoriosa
proletaria de pétalos y balas, única
viva y soñolienta y sonora.

Huélamo, Carrascosa,
Alpedrete, Buitrago,
Palencia, Arganda, Galve,
Galapagar, Villalba.

Peñarrubia, Cedrillas,
Alcocer, Tamurejo,
Aguadulce, Pedrera,
Fuente Palmera, Colmenar, Sepúlveda.

Carcabuey, Fuencaliente,
Linares, Solana del Pino,
Carcelén, Alatox,
Mahora, Valdeganda.

Yeste, Riopar, Segorbe,
Orihuela, Montalbo,
Alcaraz, Caravaca,
Almendralejo, Castejón de Monegros.

Palma del Río, Peralta,
Granadella, Quintana
de la Serena, Atienza, Barahona,
Navalmoral, Oropesa.

Alborea, Monóvar,
Almansa, San Benito,
Moratalla, Montesa,
Torre Baja, Aldemuz.

by bloods and metals, blue and victorious
proletarian of petals and bullets, uniquely
alive and somnolent and resounding.

Huélamo, Carrascosa,*
Alpedrete, Buitrago,
Palencia, Arganda, Galve,
Galapagar, Villalba.

Peñarrubia, Cedrillas,
Alcocer, Tamurejo,
Aguadulce, Pedrera,
Fuente Palmera, Colmenar, Sepúlveda.

Carcabuey, Fuencaliente,
Linares, Solana del Pino,
Carcelén, Alatox,
Mahora, Valdeganda.

Yeste, Riopar, Segorbe,
Orihuela, Montalbo,
Alcaraz, Caravaca,
Almendralejo, Castejón de Monegros.

Palma del Río, Peralta,
Granadella, Quintana
de la Serena, Atienza, Barahona,
Navalmoral, Oropesa.

Alborea, Monóvar,
Almansa, San Benito,
Moratalla, Montesa,
Torre Baja, Aldemuz.

*These are names of Spanish towns and villages.—D.D.W.

Cevico Navero, Cevico de la Torre,
Albalate de las Nogueras,
Jabaloyas, Teruel,
Camporrobles, la Alberca.

Pozo Amargo, Candeleda,
Pedroñeras, Campillo de Altobuey,
Loranca de Tajuña, Puebla de la Mujer Muerta,
Torre la Cárcel, Játiva, Alcoy.

Pueblo de Obando, Villar del Rey,
Beloraga, Brihuega,
Cetina, Villacañas, Palomas,
Navalcán, Henarejos, Albatana.

Torredonjimeno, Trasparga,
Agramón, Crevillente,
Poveda de la Sierra, Pedernoso,
Alcolea de Cinca, Matallanos.

Ventosa del Río, Alba de Tormes,
Horcajo Medianero, Piedrahita,
Minglanilla, Navamorcuende, Navalperal,
Navalcarnero, Navalmorales, Jorquera.

Argora, Torremocha, Argecilla,
Ojos Negros, Salvacañete, Utiel,
Laguna Seca, Cañamares, Salorino,
Aldea Quemada, Pesquera de Duero.

Fuenteovejuna, Alpedrete,
Torrejón, Benaguacil,
Valverde de Júcar, Vallanca,
Hiendelaencina, Robledo de Chavela.

Cevico Navero, Cevico de la Torre,
Albalate de las Nogueras,
Jabaloyas, Teruel,
Camporrobles, la Alberca.

Pozo Amargo, Candeleda,
Pedroñeras, Campillo de Altobuey,
Loranca de Tajuña, Puebla de la Mujer Muerta,
Torre la Cárcel, Játiva, Alcoy.

Pueblo de Obando, Villar del Rey,
Beloraga, Brihuega,
Cetina, Villacañas, Palomas,
Navalcán, Henarejos, Albatana.

Torredonjimeno, Trasparga,
Agramón, Crevillente,
Poveda de la Sierra, Pedernoso,
Alcolea de Cinca, Matallanos.

Ventosa del Río, Alba de Tormes,
Horcajo Medianero, Piedrahita,
Minglanilla, Navamorcuende, Navalperal,
Navalcarnero, Navalmorales, Jorquera.

Argora, Torremocha, Argecilla,
Ojos Negros, Salvacañete, Utiel,
Laguna Seca, Cañamares, Salorino,
Aldea Quemada, Pesquera de Duero.

Fuenteovejuna, Alpedrete,
Torrejón, Benaguacil,
Valverde de Júcar, Vallanca,
Hiendelaencina, Robledo de Chavela.

Miñogalindo, Ossa de Montiel,
Méntrida, Valdepeñas, Titaguas,
Almodóvar, Gestalgar, Valdemoro,
Almoradiel, Orgaz.

Llegada a Madrid de la Brigada Internacional

Una mañana de un mes frío,
de un mes agonizante, manchado por el lodo y por el humo,
un mes sin rodillas, un triste mes de sitio y desventura,
cuando a través de los cristales mojados de mi casa
　　se oían los chacales africanos
aullar con los rifles y los dientes llenos de sangre, entonces,
cuando no teníamos más esperanza que un sueño de pólvora,
　　cuando ya creíamos
que el mundo estaba lleno sólo de monstruos devoradores
　　y de furias
entonces, quebrando la escarcha del mes de frío de Madrid,
　　en la niebla
del alba
he visto con estos ojos que tengo, con este corazón
　　que mira,
he visto llegar a los claros, a los dominadores combatientes
de la delgada y dura y madura y ardiente brigada de piedra.

Era el acongojado tiempo en que las mujeres
llevaban una ausencia como un carbón terrible,
y la muerte española, más ácida y aguda que otras muertes,
llenaba los campos hasta entonces honrados por el trigo.

Por las calles la sangre rota del hombre se juntaba
con el agua que sale del corazón destruido de las casas:
los huesos de los niños deshechos, el desgarrador
enlutado silencio de las madres, los ojos
cerrados para siempre de los indefensos,

Miñogalindo, Ossa de Montiel,
Méntrida, Valdepeñas, Titaguas,
Almodóvar, Gestalgar, Valdemoro,
Almoradiel, Orgaz.

ARRIVAL IN MADRID OF THE INTERNATIONAL BRIGADE

One morning in a cold month,
an agonizing month, stained by mud and smoke,
a month without knees, a sad month of siege and misfortune,
when through the wet windows of my house
  the African jackals could be heard
howling with rifles and teeth covered with blood, then,
when we had no more hope than a dream of powder,
  when we already thought
that the world was filled only with devouring monsters
  and furies,
then, breaking the frost of the cold Madrid month,
  in the fog
of the dawn
I saw with these eyes that I have, with this heart
  that looks,
I saw arrive the clear, the masterful fighters
of the thin and hard and mellow and ardent stone brigade.

It was the anguished time when women
wore absence like a frightful coal,
and Spanish death, more acrid and sharper than other deaths,
filled fields up to then honored by wheat.

Through the streets the broken blood of man joined
the water that emerges from the ruined hearts of homes:
the bones of the shattered children, the heartrending
black-clad silence of the mothers, the eyes
forever shut of the defenseless,

eran como la tristeza y la pérdida, eran como un jardín escupido,
eran la fe y la flor asesinadas para siempre.

Camaradas,
entonces
os he visto,
y mis ojos están hasta ahora llenos de orgullo
porque os vi a través de la mañana de niebla llegar
    a la frente pura de Castilla
silenciosos y firmes
como campanas antes del alba,
llenos de solemnidad y de ojos azules venir de lejos
    y lejos,
venir de vuestros rincones, de vuestras patrias perdidas,
    de vuestros sueños
llenos de dulzura quemada y de fusiles
a defender la ciudad española en que la libertad acorralada
pudo caer y morir mordida por las bestias.

Hermanos, que desde ahora
vuestra pureza y vuestra fuerza, vuestra historia solemne
sea conocida del niño y del varón, de la mujer y del viejo,
llegue a todos los seres sin esperanza, baje a las minas
    corroídas por el aire sulfúrico,
suba a las escaleras inhumanas del esclavo,
que todas las estrellas, que todas las espigas de Castilla
    y del mundo
escriban vuestro nombre y vuestra áspera lucha
y vuestra victoria fuerte y terrestre como una encina roja.
Porque habéis hecho renacer con vuestro sacrificio
la fe perdida, el alma ausente, la confianza en la tierra,
y por vuestra abundancia, por vuestra nobleza, por
    vuestros muertos,
como por un valle de duras rocas de sangre,
pasa un inmenso río con palomas de acero y de esperanza.

272

were like sadness and loss, were like a spit-upon garden,
were faith and flower forever murdered.

Comrades,
then
I saw you,
and my eyes are even now filled with pride
because through the misty morning I saw you reach
    the pure brow of Castile
silent and firm
like bells before dawn,
filled with solemnity and blue-eyed, come from far,
    far away,
come from your corners, from your lost fatherlands,
    from your dreams,
covered with burning gentleness and guns
to defend the Spanish city in which besieged liberty
could fall and die bitten by the beasts.

Brothers, from now on
let your pureness and your strength, your solemn story
be known by children and by men, by women and by old men,
let it reach all men without hope, let it go down to the mines
    corroded by sulphuric air,
let it mount the inhuman stairways of the slave,
let all the stars, let all the flowers of Castile
    and of the world
write your name and your bitter struggle
and your victory strong and earthen as a red oak.
Because you have revived with your sacrifice
lost faith, absent heart, trust in the earth,
and through your abundance, through your nobility, through
    your dead,
as if through a valley of harsh bloody rocks,
flows an immense river with doves of steel and of hope.

Entre la tierra y el platino ahogado
de olivares y muertos españoles,
Jarama, puñal puro, has resistido
    la ola de los crueles.

Allí desde Madrid llegaron hombres
de corazón dorado por la pólvora
como un pan de ceniza y resistencia,
    allí llegaron.

Jarama, estabas entre hierro y humo
como una rama de cristal caído,
como una larga línea de medallas
    para los victoriosos.

Ni socavones de substancia ardiendo,
ni coléricos vuelos explosivos,
ni artillería de tiniebla turbia
    dominaron tus aguas.

Aguas tuyas bebieron los sedientos
de sangre, agua bebieron boca arriba:
agua española y tierra de olivares
    los llenaron de olvido.

Por un segundo de agua y tiempo el cauce
de la sangre de moros y traidores
palpitaba en tu luz como los peces
    de un manantial amargo.

BATTLE OF THE JARAMA RIVER[*]

Between the earth and the drowned platinum
of olive orchards and Spanish dead,
Jarama, pure dagger, you have resisted
      the wave of the cruel.

There, from Madrid, came men
with hearts made golden by gunpowder,
like a loaf of ashes and resistance,
      there they came.

Jarama, you were between iron and smoke
like a branch of fallen crystal,
like a long line of medals
      for the victorious.

Neither caverns of burning substance,
nor angry explosive flights,
nor artillery of turbid darkness
      controlled your waters.

The bloodthirsty drank
your waters, face up they drank water:
Spanish water and olive fields
      filled them with oblivion.

For a second of water and time the river bed
of the blood of Moors and traitors
throbbed in your light like the fish
      of a bitter fountain.

[*]In February 1937 the Republican army, aided by the International Brigade, repulsed a Nationalist attack at the Jarama River near Madrid and thereby kept open the road to Valencia and Catalonia.—D.D.W.

La áspera harina de tu pueblo estaba
toda erizada de metal y huesos,
formidable y trigal como la noble
    tierra que defendían.

Jarama, para hablar de tus regiones
de esplendor y dominio, no es mi boca
suficiente, y es pálida mi mano:
    allí quedan tus muertos.

Allí quedan tu cielo doloroso,
tu paz de piedra, tu estelar corriente,
y los eternos ojos de tu pueblo
    vigilan tus orillas.

ALMERÍA

Un plato para el obispo, un plato triturado y amargo,
un plato con restos de hierro, con cenizas, con lágrimas,
un plato sumergido, con sollozos y paredes caídas,
un plato para el obispo, un plato de sangre de
Almería.

Un plato para el banquero, un plato con mejillas
de niños del Sur feliz, un plato
con detonaciones, con aguas locas y ruinas y espanto,
un plato con ejes partidos y cabezas pisadas,
un plato negro, un plato de sangre de Almería.

Cada mañana, cada mañana turbia de vuestra vida
lo tendréis humeante y ardiente en vuestra mesa:
lo apartaréis un poco con vuestras suaves manos

The bitter wheat of your people was
all bristling with metal and bones,
formidable and germinal like the noble
      land that they defended.

Jarama, to speak of your regions
of splendor and dominion, my mouth is not
adequate, and my hand is pale:
      there rest your dead.

There rest your mournful sky,
your flinty peace, your starry stream,
and the eternal eyes of your people
      watch over your shores.

ALMERÍA*

A bowl for the bishop, a crushed and bitter bowl,
a bowl with remnants of iron, with ashes, with tears,
a sunken bowl, with sobs and fallen walls,
a bowl for the bishop, a bowl of Almería
blood.

A bowl for the banker, a bowl with cheeks
of children from the happy South, a bowl
with explosions, with wild waters and ruins and fright,
a bowl with split axles and trampled heads,
a black bowl, a bowl of Almería blood.

Each morning, each turbid morning of your lives
you will have it steaming and burning at your tables:
you will push it aside a bit with your soft hands

---

*In February 1937 hundreds of Republican civilians, fleeing from Málaga
toward Almería, were overtaken by Nationalist planes and tanks. The men and
boys were executed in the presence of their wives and mothers.—D.D.W.

para no verlo, para no digerirlo tantas veces:
lo apartaréis un poco entre el pan y las uvas,
a este plato de sangre silenciosa
que estará allí cada mañana, cada
mañana.

Un plato para el Coronel y la esposa del Coronel,
en una fiesta de la guarnición, en cada fiesta,
sobre los juramentos y los escupos, con la luz de vino
      de la madrugada
para que lo veáis temblando y frío sobre el mundo.

Sí, un plato para todos vosotros, ricos de aquí y de allá,
embajadores, ministros, comensales atroces,
señoras de confortable té y asiento:
un plato destrozado, desbordado, sucio de sangre pobre,
para cada mañana, para cada semana, para siempre jamás,
un plato de sangre de Almería, ante vosotros, siempre.

Tierras ofendidas

Regiones sumergidas
en el interminable martirio, por el inacabable
silencio, pulsos
de abeja y roca exterminada,
tierras que en vez de trigo y trébol
traéis señal de sangre seca y crimen:
caudalosa Galicia, pura como la lluvia,
salada para siempre por las lágrimas:
Extremadura, en cuya orilla augusta
de cielo y aluminio, negro como agujero
de bala, traicionado y herido y destrozado,
Badajoz sin memoria, entre sus hijos muertos
yace mirando un cielo que recuerda:
Málaga arada por la muerte

so as not to see it, not to digest it so many times:
you will push it aside a bit between the bread and the grapes,
this bowl of silent blood
that will be there each morning, each
morning.

A bowl for the Colonel and the Colonel's wife
at a garrison party, at each party,
above the oaths and the spittle, with the wine light of early
    morning
so that you may see it trembling and cold upon the world.

Yes, a bowl for all of you, richmen here and there,
monstrous ambassadors, ministers, table companions,
ladies with cozy tea parties and chairs:
a bowl shattered, overflowing, dirty with the blood of the poor,
for each morning, for each week, forever and ever,
a bowl of Almería blood, facing you, forever.

OFFENDED LANDS

Regions submerged
in interminable martyrdom, through the unending
silence, pulses
of bee and exterminated rock,
you lands that instead of wheat and clover
bring signs of dried blood and crime:
abundant Galicia, pure as rain,
made salty forever by tears:
Extremadura, on whose august shore
of sky and aluminum, black as a bullet
hole, betrayed and wounded and shattered:
Badajoz without memory, among her dead sons
she lies watching a sky that remembers:
Málaga plowed by death

y perseguida entre los precipicios
hasta que las enloquecidas madres
azotaban la piedra con sus recién nacidos.
Furor, vuelo de luto
y muerte y cólera,
hasta que ya las lágrimas y el duelo reunidos,
hasta que las palabras y el desmayo y la ira
no son sino un montón de huesos en un camino
y una piedra enterrada por el polvo.

Es tanto, tanta
tumba, tanto martirio, tanto
galope de bestias en la estrella!
Nada, ni la victoria
borrará el agujero terrible de la sangre:
nada, ni el mar, ni el paso
de arena y tiempo, ni el geranio ardiendo
sobre la sepultura.

SANJURJO EN LOS INFIERNOS

Amarrado, humeante, acordelado
a su traidor avión, a sus traiciones,
se quema el traidor traicionado.

Como fósforo queman sus riñones
y su siniestra boca de soldado
traidor se derrite en maldiciones,

por las eternas llamas piloteado,
conducido y quemado por aviones,
de traición en traición quemado.

and pursued among the cliffs
until the maddened mothers
beat upon the rock with their newborn sons.
Furor, flight of mourning
and death and anger,
until the tears and grief now gathered,
until the words and the fainting and the anger
are only a pile of bones in a road
and a stone buried by the dust.

It is so much, so many
tombs, so much martyrdom, so much
galloping of beasts in the star!
Nothing, not even victory
will erase the terrible hollow of the blood:
nothing, neither the sea, nor the passage
of sand and time, nor the geranium flaming
upon the grave.

SANJURJO* IN HELL

Tied up, reeking, roped
to his betraying airplane, to his betrayals,
the betrayed betrayer burns.

Like phosphorus his kidneys burn
and his sinister betraying soldier's
mouth melts in curses,

piloted through the eternal flames,
guided and burnt by airplanes,
burnt from betrayal to betrayal.

*General José Sanjurjo, 1872–1936, an early and leading plotter against the
Republic.—D.D.W.

MOLA EN LOS INFIERNOS

Es arrastrado el turbio mulo Mola
de precipicio en precipicio eterno
y como va el naufragio de ola en ola,
desbaratado por azufre y cuerno,
cocido en cal y hiel y disimulo,
de antemano esperado en el infierno,
va el infernal mulato, el Mola mulo
definitivamente turbio y tierno,
con llamas en la cola y en el culo.

EL GENERAL FRANCO EN LOS INFIERNOS

Desventurado, ni el fuego ni el vinagre caliente
en un nido de brujas volcánicas, ni el hielo devorante,
ni la tortuga pútrida que ladrando y llorando con voz
        de mujer muerta te escarbe la barriga
buscando una sortija nupcial y un juguete de niño degollado,
serán para ti nada sino una puerta oscura,
arrasada.

        En efecto.
        De infierno a infierno, qué hay? En el aullido
de tus legiones, en la santa leche
de las madres de España, en la leche y los senos pisoteados
por los caminos, hay una aldea más, un silencio más, una
        puerta rota.

        Aquí estás. Triste párpado, estiércol
de siniestras gallinas de sepulcro, pesado esputo, cifra
de traición que la sangre no borra. Quién, quién eres,
oh miserable hoja de sal, oh perro de la tierra,
oh mal nacida palidez de sombra?

MOLA* IN HELL

The turbid Mola mule is dragged
from cliff to eternal cliff
and as the shipwrecked man goes from wave to wave,
destroyed by brimstone and horn,
boiled in lime and gall and deceit,
already expected in hell,
the infernal mulatto goes, the Mola mule
definitively turbid and tender,
with flames on his tail and his rump.

GENERAL FRANCO IN HELL

Evil one, neither fire nor hot vinegar
in a nest of volcanic witches, nor devouring ice,
nor the putrid turtle that barking and weeping with the voice of a
    dead woman scratches your belly
seeking a wedding ring and the toy of a slaughtered child,
will be for you anything but a dark demolished
door.

Indeed.
From one hell to another, what difference? In the howling
of your legions, in the holy milk
of the mothers of Spain, in the milk and the bosoms trampled
along the roads, there is one more village, one more silence,
    a broken door.

Here you are. Wretched eyelid, dung
of sinister sepulchral hens, heavy sputum, figure
of treason that blood will not erase. Who, who are you,
oh miserable leaf of salt, oh dog of the earth,
oh ill-born pallor of shadow?

*General Emilio Mola, 1887–1937, commander of the Nationalist northern
army, killed in an airplane accident.—D.D.W.

Retrocede la llama sin ceniza,
la sed salina del infierno, los círculos
del dolor palidecen.
Maldito, que sólo lo humano
te persiga, que dentro del absoluto fuego de las cosas,
no te consumas, que no te pierdas
en la escala del tiempo, y que no te taladre el vidrio ardiendo
ni la feroz espuma.

Solo, solo, para las lágrimas
todas reunidas, para una eternidad de manos muertas
y ojos podridos, solo en una cueva
de tu infierno, comiendo silenciosa pus y sangre
por una eternidad maldita y sola.
No mereces dormir
aunque sea clavados de alfileres los ojos:
debes estar
despierto, General, despierto enternamente
entre la podredumbre de las recién paridas,
ametralladas en Otoño. Todas, todos los tristes niños
descuartizados,
tiesos, están colgados, esperando en tu infierno
ese día de fiesta fría: tu llegada.
Niños negros por la explosión,
trozos rojos de seso, corredores
de dulces intestinos, te esperan todos, todos, en la
misma actitud
de atravesar la calle, de patear la pelota,
de tragar una fruta, de sonreir o nacer.

Sonreir. Hay sonrisas
ya demolidas por la sangre
que esperan con dispersos dientes exterminados
y máscaras de confusa materia, rostros huecos
de pólvora perpetua, y los fantasmas
sin nombre, los oscuros

The flame retreats without ash,
the salty thirst of hell, the circles
of grief turn pale.
    Cursed one, may only humans
pursue you, within the absolute fire of things may
you not be consumed, not be lost
in the scale of time, may you not be pierced by the burning glass
    or the fierce foam.

    Alone, alone, for the tears
all gathered, for an eternity of dead hands
and rotted eyes, alone in a cave
of your hell, eating silent pus and blood
through a cursed and lonely eternity.
    You do not deserve to sleep
even though it be with your eyes fastened with pins:
    you have to be
awake, General, eternally awake
among the putrefaction of the new mothers,
machine-gunned in the autumn. All and all the sad children
    cut to pieces,
rigid, they hang, awaiting in your hell
that day of cold festivity: your arrival.
                    Children blackened by explosions,
red fragments of brain, corridors filled
with gentle intestines, they all await you, all in the
    very posture
of crossing the street, of kicking the ball,
of swallowing a fruit, of smiling, or being born.

Smiling. There are smiles
now demolished by blood
that wait with scattered exterminated teeth
and masks of muddled matter, hollow faces
of perpetual gunpowder, and the nameless
ghosts, the dark

escondidos, los que nunca salieron
de su cama de escombros. Todos te esperan
para pasar la noche. Llenan los corredores
como algas corrompidas.

                    Son nuestros, fueron nuestra
carne, nuestra salud, nuestra
paz de herrerías, nuestro océano
de aire y pulmones. A través de ellos
las secas tierras florecían. Ahora, más allá de la tierra,
hechos substancia
destruida, materia asesinada, harina muerta,
te esperan en tu infierno.

Como el agudo espanto o el dolor se consumen,
ni espanto ni dolor te aguardan. Solo y
       maldito seas,
solo y despierto seas entre todos los muertos,
y que la sangre caiga en ti como la lluvia,
y que un agonizante río de ojos cortados
te resbale y recorra mirándote sin término.

Canto sobre unas ruinas

Esto que fue creado y dominado,
esto que fue humedecido, usado, visto,
yace—pobre pañuelo—entre las olas
de tierra y negro azufre.
                  Como el botón o el pecho
se levantan al cielo, como la flor que sube
desde el hueso destruido, así las formas
del mundo aparecieron. Oh párpados,
oh columnas, oh escalas.
                  Oh profundas materias
agregadas y puras: cuánto hasta ser campanas!

hidden ones, those who never left
their beds of rubble. They all wait for you
to spend the night. They fill the corridors
like decayed seaweed.

They are ours, they were our
flesh, our health, our
bustling peace, our ocean
of air and lungs. Through
them the dry earth flowered. Now, beyond the earth,
turned into destroyed
substance, murdered matter, dead flour,
they await you in your hell.

Since acute terror or sorrow waste away,
neither terror nor sorrow await you. May you be alone
        and accursed,
alone and awake among all the dead,
and let blood fall upon you like rain,
and let a dying river of severed eyes
slide and flow over you staring at you endlessly.

SONG ABOUT SOME RUINS

This that was created and tamed,
this that was moistened, used, seen,
lies—poor kerchief—among the waves
of earth and black brimstone.
                Like bud or breast
they raise themselves to the sky, like the flower that rises
from the destroyed bone, so the shapes
of the world appeared. Oh eyelids,
oh columns, oh ladders.
                Oh deep substances
annexed and pure: how long until you are bells!

cuánto hasta ser relojes! Aluminio
de azules proporciones, cemento
pegado al sueño de los seres!
  El polvo se congrega,
la goma, el lodo, los objetos crecen
y las paredes se levantan
como parras de oscura piel humana.
       Allí dentro en blanco, en cobre,
en fuego, en abandono, los papeles crecían,
el llanto abominable, las prescripciones
llevadas en la noche a la farmacia mientras
alguien con fiebre,
la seca sien mental, la puerta
que el hombre ha construido
para no abrir jamás.
     Todo ha ido y caído
brutalmente marchito.
      Utensilios heridos, telas
nocturnas, espuma sucia, orines justamente
vertidos, mejillas, vidrio, lana,
alcanfor, círculos de hilo y cuero, todo,
todo por una rueda vuelto al polvo,
al desorganizado sueño de los metales,
todo el perfume, todo lo fascinado,
todo reunido en nada, todo caído
para no nacer nunca.

    Sed celeste, palomas
con cintura de harina: épocas
de polen y racimo, ved cómo
la madera se destroza
hasta llegar al luto: no hay raíces
para el hombre: todo descansa apenas
sobre un temblor de lluvia.
     Ved cómo se ha podrido
la guitarra en la boca de la fragante novia:

how long until you are clocks! Aluminum
of blue proportions, cement
stuck to human dreams!
                    The dust gathers,
the gum, the mud, the objects grow
and the walls rise up
like arbors of dark human flesh.
                              Inside there in white, in copper,
in fire, in abandonment, the papers grew,
the abominable weeping, the prescriptions
taken at night to the drugstore while
someone with a fever,
the dry temple of the mind, the door
that man has built
never to open it.
                    Everything has gone and fallen
suddenly withered.
                    Wounded tools, nocturnal
cloths, dirty foam, urine just then
spilt, cheeks, glass, wool,
camphor, circles of thread and leather, all,
all through a wheel returned to dust,
to the disorganized dream of the metals,
all the perfume, all the fascination,
all united in nothing, all fallen
never to be born.

                    Celestial thirst, doves
with a waist of wheat: epochs
of pollen and branch: see how
the wood is shattered
until it reaches mourning: there are no roots
for man: all scarcely rests
upon a tremor of rain.
                    See how the guitar
has rotted in the mouth of the fragrant bride:

ved cómo las palabras que tanto construyeron
ahora son exterminio: mirad sobre la cal y entre el
    mármol deshecho
la huella—ya con musgos—del sollozo.

LA VICTORIA DE LAS ARMAS DEL PUEBLO

Mas, como el recuerdo de la tierra, como el pétreo
esplendor del metal y el silencio,
pueblo, patria y avena, es tu victoria.

Avanza tu bandera agujereada
como tu pecho sobre las cicatrices
de tiempo y tierra.

LOS GREMIOS EN EL FRENTE

Dónde están los mineros, dónde están
los que hacen el cordel, los que maduran
la suela, los que mandan la red?
Dónde están?

Dónde los que cantaban en lo alto
del edificio, escupiendo y jurando
sobre el cemento aéreo?

Dónde están los ferroviarios
voluntariosos y nocturnos?
Dónde está el gremio del abasto?

Con un fusil, con un fusil. Entre los
pardos latidos de la llanura,
mirando sobre los escombros.

see how the words that built so much
now are extermination: upon the lime and among the shattered
     marble, look
at the trace—now moss-covered—of the sob.

The Victory of the Arms of the People

But, like earth's memory, like the stony
splendor of metal and silence,
is your victory, people, fatherland, and grain.

Your riddled banner advances
like your breast above the scars
of time and earth.

The Unions at the Front

Where are the miners, where are
the rope makers, the leather
curers, those who cast the nets?
Where are they?

Where are those who used to sing at the top
of the building, spitting and swearing
upon the lofty cement?

Where are the railroadmen
dedicated and nocturnal?
Where is the supplier's union?

With a rifle, with a rifle. Among the
dark throbbing of the plainland,
looking out over the debris.

Dirigiendo la bala al duro
enemigo como a las espinas,
como a las víboras, así.

De día y noche, en la ceniza
triste del alba, en la virtud
del mediodía calcinado.

TRIUNFO

Solemne es el triunfo del pueblo.
A su paso de gran victoria
la ciega patata y la uva
celeste brillan en la tierra.

PAISAJE DESPUÉS DE UNA BATALLA

Mordido espacio, tropa restregada
contra los cereales, herraduras
rotas, heladas entre escarcha y piedras,
      áspera luna.

Luna de yegua herida, calcinada,
envuelta en agotadas espinas, amenazante, hundido
metal o hueso, ausencia, paño amargo,
      humo de enterradores.

Detrás del agrio nimbo de nitratos,
de substancia en substancia, de agua en agua,
rápidos como trigo desgranado,
      quemados y comidos.

Casual corteza suavemente suave,
negra ceniza ausente y esparcida,
ahora sólo frío sonoro, abominables
      materiales de lluvia.

Aiming the bullet at the harsh
enemy as at the thorns,
as at the vipers, that's it.

By day and by night, in the sad
ash of dawn, in the virtue
of the scorched noon.

TRIUMPH

Solemn is the triumph of the people.
At its great victorious passage
the eyeless potato and the heavenly
grape glitter in the earth.

LANDSCAPE AFTER A BATTLE

Bitten space, troop crushed
against the grain, broken
horseshoes, frozen between frost and stones,
       harsh moon.

Moon of a wounded mare, charred,
wrapped in exhausted thorns, menacing, sunken
metal or bone, absence, bitter cloth,
       smoke of gravediggers.

Behind the acrid halo of saltpeter,
from substance to substance, from water to water,
swift as threshed wheat,
       burned and eaten.

Accidental crust softly soft,
black ash absent and scattered,
now only echoing cold, abominable
       materials of rain.

Guárdenlo mis rodillas enterrado
más que este fugitivo territorio,
agárrenlo mis párpados hasta nombrar y herir,
guarde mi sangre este sabor de sombra
para que no haya olvido.

ANTITANQUISTAS

Ramos todos de clásico nácar, aureolas
de mar y cielo, viento de laureles
para vosotros, encinares héroes,
antitanquistas.
Habéis sido en la nocturna boca
de la guerra
los ángeles del fuego, los temibles,
los hijos puros de la tierra.

Así estabais, sembrados
en los campos, oscuros, como siembra, tendidos
esperando. Y ante el huracanado hierro, en el pecho
      del monstruo
habéis lanzado, no sólo un trozo pálido de explosivo,
sino vuestro profundo corazón humeante,
látigo destructivo y azul como la pólvora.
Os habéis levantado,
finos celestes contra las montañas
de la crueldad, hijos desnudos
de la tierra y la gloria.
                    Vosotros nunca visteis
antes sino la oliva, nunca sino las redes
llenas de escama y plata: vosotros agrupasteis
los instrumentos, la madera, el hierro
de las cosechas y de las construcciones:
en vuestras manos floreció la bella
granada forestal o la cebolla

May my knees keep it hidden
more than this fugitive territory,
may my eyelids grasp it until they can name and wound,
may my blood keep this taste of shadow
        so that there will be no forgetting.

ANTITANKERS

Branches all of classic mother-of-pearl, halos
of sea and sky, wind of laurels
for you, oaken heroes,
antitankers.
You have been in the night mouth
of war
the angels of fire, the fearsome ones,
the pure sons of the earth.

That's how you were, planted
in the fields, dark, like seeds, lying
waiting. And before the hurricaned iron, at the chest
    of the monster,
you launched not just a pale bit of explosive
but your deep steaming heart,
a lash as destructive and blue as gunpowder.
You rose up,
noble, heavenly against the mountains
of cruelty, naked sons
of earth and glory.
               Once you saw
only the olive branch, only the nets
filled with scales and silver: you gathered
the instruments, the wood, the iron
of the harvests and the building:
in your hands flourished the beautiful
forest pomegranate or the morning

matutina, y de pronto
estáis aquí cargados con relámpagos
apretando la gloria, estallando
de poderes furiosos,
solos y duros frente a las tinieblas.

La Libertad os recogió en las minas,
y pidió paz para vuestros arados:
la Libertad se levantó llorando
por los caminos, gritó en los corredores
de las casas: en las campiñas
su voz pasaba entre naranja y viento
llamando hombres de pecho maduro, y acudisteis,
y aquí estáis, preferidos
hijos de la victoria, muchas veces caídos, muchas veces
borradas vuestras manos, rotos los más ocultos cartílagos,
    calladas
vuestras bocas, machacado
hasta la destrucción vuestro silencio:
pero surgís de pronto, en medio
del torbellino, otra vez, otros, toda
vuestra insondable, vuestra quemadora
raza de corazones y raíces.

MADRID (1937)

En esta hora recuerdo a todo y todos,
fibradamente, hundidamente en
las regiones que—sonido y pluma—
golpeando un poco, existen
más allá de la tierra, pero en la tierra. Hoy
comienza un nuevo invierno.
           No hay en esa ciudad,
en donde está lo que amo,

onion, and suddenly
you are here laden with lightning,
clutching glory, bursting
with furious powers,
alone and harsh facing the darkness.

Liberty sought you out in the mines,
and begged for peace for your ploughs:
Liberty rose weeping
along the roads, shouted in the corridors
of the houses: in the countryside
her voice passed between orange and wind
calling for ripe-hearted men, and you came,
and here you are, the chosen
sons of victory, many times fallen, your hands
many times blotted out, broken the most hidden bones,
    your mouths
stilled, pounded
to destruction your silence:
but you surged up suddenly, in the midst
of the whirlwind, again, others, all
your unfathomable, your burning
race of hearts and roots.

MADRID (1937)

At this hour I remember everything and everyone,
vigorously, sunkenly in
the regions that—sound and feather—
striking a little, exist
beyond the earth, but on the earth. Today
a new winter begins.
              There is in that city,
where lies what I love,

no hay pan ni luz: un cristal frío cae
sobre secos geranios. De noche sueños negros
abiertos por obuses, como sangrientos bueyes:
nadie en el alba de las fortificaciones,
sino un carro quebrado: ya musgo, ya silencio de edades
en vez de golondrinas en las casas quemadas,
desangradas, vacías, con puertas hacia el cielo:
ya comienza el mercado a abrir sus pobres esmeraldas,
y las naranjas, el pescado,
cada día atraídos a través de la sangre,
se ofrecen a las manos de la hermana y la viuda.
Ciudad de luto, socavada, herida,
rota, golpeada, agujereada, llena
de sangre y vidrios rotos, ciudad sin noche, toda
noche y silencio y estampido y héroes,
ahora un nuevo invierno más desnudo y más solo,
ahora sin harina, sin pasos, con tu luna
de soldados.
        A todo, a todos.

                Sol pobre, sangre nuestra
perdida, corazón terrible
sacudido y llorado. Lágrimas como pesadas balas
han caído en tu oscura tierra haciendo sonido
de palomas que caen, mano que cierra
la muerte para siempre, sangre de cada día
y cada noche y cada semana y cada
mes. Sin hablar de vosotros, héroes dormidos
y despiertos, sin hablar de vosotros que hacéis temblar
    el agua
y la tierra con vuestra voluntad insigne,
en esta hora escucho el tiempo en una calle,
alguien me habla, el invierno
llega de nuevo a los hoteles
en que he vivido,
todo es ciudad lo que escucho y distancia

there is no bread, no light: a cold windowpane falls
upon dry geraniums. By night black dreams
opened by howitzers, like bloody oxen:
no one in the dawn of the ramparts
but a broken cart: now moss, now silence of ages,
instead of swallows, on the burned houses,
drained of blood, empty, their doors open to the sky:
now the market begins to open its poor emeralds,
and the oranges, the fish,
brought each day across the blood,
offer themselves to the hands of the sister and the widow.
City of mourning, undermined, wounded,
broken, beaten, bullet-riddled, covered
with blood and broken glass, city without night, all
night and silence and explosions and heroes,
now a new winter more naked and more alone,
now without flour, without steps, with your moon
of soldiers.
        Everything, everyone.

                                Poor sun, our lost
blood, terrible heart
shaken and mourned. Tears like heavy bullets
have fallen on your dark earth sounding
like falling doves, a hand that death
closes forever, blood of each day
and each night and each week and each
month. Without speaking of you, heroes asleep
and awake, without speaking of you who make the water
    and the earth
tremble with your glorious purpose,
at this hour I listen to the weather on a street,
someone speaks to me, winter
comes again to the hotels
where I have lived,
everything is city that I listen to and distance

rodeada por el fuego como por una espuma
de víboras, asaltada por una
agua de infierno.
                    Hace ya más de un año
que los enmascarados tocan tu humana orilla
y mueren al contacto de tu eléctrica sangre:
sacos de moros, sacos de traidores,
han rodado a tus pies de piedra: ni el humo ni la muerte
han conquistado tus muros ardiendo.
                                        Entonces,
qué hay, entonces? Sí, son los del exterminio,
son los devoradores: te acechan, ciudad blanca,
el obispo de turbio testuz, los señoritos
fecales y feudales, el general en cuya mano
suenan treinta dineros: están contra tus muros
un cinturón de lluviosas beatas,
un escuadrón de embajadores pútridos
y un triste hipo de perros militares.

Loor a ti, loor en nube, en rayo,
en salud, en espadas,
frente sangrante cuyo hilo de sangre
reverbera en las piedras malheridas,
deslizamiento de dulzura dura,
clara cuna en relámpagos armada,
material ciudadela, aire de sangre
del que nacen abejas.
                    Hoy tú que vives, Juan,
hoy tú que miras, Pedro, concibes, duermes, comes:
hoy en la noche sin luz vigilando sin sueño
        y sin reposo,
solos en el cemento, por la tierra cortada,
desde los enlutados alambres, al Sur, en medio, en torno,
sin cielo, sin misterio,
hombres como un collar de cordones defienden
la ciudad rodeada por las llamas: Madrid endurecida

surrounded by fire as if by a spume
of vipers assaulted by a
water of hell.
                        For more than a year now
the masked ones have been touching your human shore
and dying at the contact of your electric blood:
sacks of Moors, sacks of traitors
have rolled at your feet of stone: neither smoke nor death
have conquered your burning walls.
                                        Then,
what's happening, then? Yes, they are the exterminators,
they are the devourers: they spy on you, white city,
the bishop of turbid scruff, the fecal and feudal
young masters, the general in whose hand
jingle thirty coins: against your walls are
a circle of women, dripping and devout,
a squadron of putrid ambassadors,
and a sad vomit of military dogs.

Praise to you, praise in cloud, in sunray,
in health, in swords,
bleeding front whose thread of blood
echoes on the deeply wounded stones,
a slipping away of harsh sweetness,
bright cradle armed with lightning,
fortress substance, air of blood
from which bees are born.
                            Today you who live, Juan,
today you who watch, Pedro, who conceive, sleep, eat:
today in the lightless night on guard without sleep
        and without rest,
alone on the cement, across the gashed earth,
from the blackened wire, to the South, in the middle, all around,
without sky, without mystery,
men like a collar of cordons defend
the city surrounded by flames: Madrid hardened

por golpe astral, por conmoción del fuego:
tierra y vigilia en el alto silencio
de la victoria: sacudida
como una rosa rota: rodeada
de laurel infinito!

ODA SOLAR AL EJÉRCITO DEL PUEBLO

Armas del pueblo! Aquí! La amenaza, el asedio
aún derraman la tierra mezclándola de muerte,
áspera de aguijones!
       Salud, salud,
salud te dicen las madres del mundo,
las escuelas te dicen salud, los viejos carpinteros,
Ejército del Pueblo, te dicen salud, con las espigas,
la leche, las patatas, el limón, el laurel,
todo lo que es de la tierra y de la boca
del hombre.
      Todo, como un collar
de manos, como una
cintura palpitante, como una obstinación de relámpagos,
todo a ti se prepara, todo hacia ti converge!
           Día de hierro.
Azul fortificado!
      Hermanos, adelante,
adelante por las tierras aradas,
adelante en la noche seca y sin sueño, delirante y raída,
adelante entre vides, pisando el color frío de las rocas,
salud, salud, seguid. Más cortantes que la voz del invierno,
más sensibles que el párpado, más seguros que la punta
   del trueno,
puntuales como el rápido diamante, nuevamente marciales,
guerreros según el agua acerada de las tierras del centro,
según la flor y el vino, según el corazón
   espiral de la tierra,

by an astral blow, by the shock of fire:
earth and vigil in the deep silence
of victory: shaken
like a broken rose, surrounded
by infinite laurel.

Solar Ode to the Army of the People

Arms of the people! Here! The threat, the siege
are still wasting the earth, mixing it with death,
earth rough with goading!
                    Your health,
your health say the mothers of the world,
the schools say your health, the old carpenters,
Army of the People, they say health to you with blossoms,
milk, potatoes, lemon, laurel,
everything that belongs to the earth and to the mouth
of man.
          Everything, like a necklace
of hands, like a
throbbing waist, like a persistence of thunderbolts,
everything prepares itself for you, converges on you!
                              Day of iron.
Fortified blue!
          Brothers, onward,
onward through the ploughed lands,
onward in the dry and sleepless night, delirious and threadbare,
onward among the vines, treading the cold color of the rocks,
good health to you, go on. More cutting than winter's voice,
more sensitive than the eyelid, more unfailing than the tip
     of the thunderbolt,
exact as the swift diamond, warlike anew,
warriors according to the biting waters of the central lands,
according to the flower and the wine, according to the spiral
     heart of the earth,

según las raíces de todas las hojas, de todas las mercaderías
  fragantes de la tierra.
Salud, soldados, salud, barbechos rojos,
salud, tréboles duros, salud, pueblos parados
en la luz del relámpago, salud, salud, salud,
adelante, adelante, adelante, adelante,
sobre las minas, sobre los cementerios, frente al abominable
apetito de muerte, frente al erizado
terror de los traidores,
pueblo, pueblo eficaz, corazón y fusiles,
corazón y fusiles, adelante.
Fotógrafos, mineros, ferroviarios, hermanos
del carbón y la piedra, parientes del martillo,
bosque, fiesta de alegres disparos, adelante,
guerrilleros, mayores, sargentos, comisarios políticos,
aviadores del pueblo, combatientes nocturnos,
combatientes marinos, adelante:
frente a vosotros
no hay más que una mortal cadena, un agujero
de podridos pescados: adelante!
no hay allí sino muertos moribundos,
pantanos de terrible pus sangrienta,
no hay enemigos; adelante, España,
adelante, campanas populares,
adelante, regiones de manzana,
adelante, estandartes cereales,
adelante, mayúsculos del fuego,
porque en la lucha, en la ola, en la pradera,
en la montaña, en el crepúsculo cargado de acre aroma,
lleváis un nacimiento de permanencia, un hilo
de difícil dureza.
               Mientras tanto,
raíz y guirnalda suben del silencio
para esperar la mineral victoria:

according to the roots of all the leaves, of all the fragrant
    produce of the earth.
Your health, soldiers, your health, red fallow lands,
health, hard clovers, health, towns stopped
in the light of the lightning, your good health,
onward, onward, onward, onward,
over the mines, over the cemeteries, facing the abominable
appetite of death, facing the bristling
terror of the traitors,
people, effective people, hearts and guns,
hearts and guns, onward.
Photographers, miners, railroadmen, brothers
of coal and stone, relatives of the hammer,
woods, festival of gay nonsense, onward,
guerrilla fighters, chiefs, sergeants, political commissars,
people's aviators, night fighters,
sea fighters, onward:
facing you
there is only a mortal chain, a hole
of rotten fish: onward!
there are only dying dead there,
swamps of terrible bloody pus,
there are no enemies; onward, Spain,
onward, people's bells,
onward, apple orchards,
onward, banners of the grain,
onward, giants of the fire,
because in the struggle, in the wave, in the meadow,
in the mountain, in the twilight laden with acrid smell,
you bear a lineage of permanence, a thread
of hard harshness.
                    Meanwhile,
root and garland rise from the silence
to await the mineral victory:

cada instrumento, cada rueda roja,
cada mango de sierra o penacho de arado,
cada extracción del suelo, cada temblor de sangre
quiere seguir tus pasos, Ejército del Pueblo:
tu luz organizada llega a los pobres hombres
olvidados, tu definida estrella
clava sus roncos rayos en la muerte
y establece los nuevos ojos de la esperanza.

each instrument, each red wheel,
each mountain mango or plume of plough,
each product of the soil, each tremor of blood
wants to follow your steps, Army of the People:
your ordered light reaches poor forgotten
men, your sharp star
sinks its raucous rays into death
and establishes the new eyes of hope.

V

CANTO A STALINGRADO

En la noche el labriego duerme, despierta y hunde
su mano en las tinieblas preguntando a la aurora:
alba, sol de mañana, luz del día que viene,
dime si aún las manos más puras de los hombres
defienden el castillo del honor, dime, aurora,
si el acero en tu frente rompe su poderío,
si el hombre está en su sitio, si el trueno está en su sitio,
dime, dice el labriego, si no escucha la tierra
cómo cae la sangre de los enrojecidos
héroes, en la grandeza de la noche terrestre,
dime si sobre el árbol todavía está el cielo,
dime si aún la pólvora suena en Stalingrado.

Y el marinero en medio del mar terrible mira
buscando entre las húmedas constelaciones
una, la roja estrella de la ciudad ardiente,
y halla en su corazón esa estrella que quema,
esa estrella de orgullo quieren tocar sus manos,
esa estrella de llanto la construyen sus ojos.

Ciudad, estrella roja, dicen el mar y el hombre,
ciudad, cierra tus rayos, cierra tus puertas duras,
cierra, ciudad, tu ilustre laurel ensangrentado,
y que la noche tiemble con el brillo sombrío
de tus ojos detrás de un planeta de espadas.

V

SONG TO STALINGRAD

At night the peasant sleeps, awakes, and sinks
his hand into the darkness asking the dawn:
daybreak, morning sun, light of the coming day,
tell me if the purest hands of men still
defend the castle of honor, tell me, dawn,
if the steel on your brow breaks its might,
if man is in his place, if thunder is in its place,
tell me, says the peasant, if earth does not listen
to how the blood falls from the reddened
heroes in the vastness of earthly night,
tell me if the sky is still above the tree,
tell me if gunpowder still sounds in Stalingrad.

And the sailor in the midst of the terrible sea looks,
seeking amid the watery constellations
one, the red star of the flaming city,
and he finds in his heart that burning star,
his hands seek to touch that star of pride,
his eyes are building that star of tears.

City, red star, say sea and man,
city, close your thunderbolts, close your hard doors,
close, city, your glorious bloodied laurel
and let night tremble with the dark luster
of your eyes behind a planet of swords.

Y el español recuerda Madrid y dice: hermana,
resiste, capital de la gloria, resiste:
del suelo se alza toda la sangre derramada
de España, y por España se levanta de nuevo,
y el español pregunta junto al muro
de los fusilamientos, si Stalingrado vive:
y hay en la cárcel una cadena de ojos negros
que horadan las paredes con tu nombre,
y España se sacude con tu sangre y tus muertos,
porque tú le tendiste, Stalingrado, el alma
cuando España paría héroes como los tuyos.

Ella conoce la soledad, España,
como hoy, Stalingrado, tú conoces la tuya.
España desgarró la tierra con sus uñas
cuando París estaba más bonita que nunca,
España desangraba su inmenso árbol de sangre
cuando Londres peinaba, como nos cuenta Pedro
Garfías, su césped y sus lagos de cisnes.

Hoy ya conoces eso, recia virgen,
hoy ya conoces, Rusia, la soledad y el frío.
Cuando miles de obuses tu corazón destrozan,
cuando los escorpiones con crimen y veneno,
Stalingrado, acuden a morder tus entrañas,
Nueva York baila, Londres medita, y yo digo "merde,"
porque mi corazón no puede más y nuestros
corazones
no pueden más, no pueden
en un mundo que deja morir solos sus héroes.

Los dejáis solos? Ya vendrán por vosotros!
Los dejáis solos?
                    Queréis que la vida
huya a la tumba, y la sonrisa de los hombres
sea borrada por la letrina y el calvario?
Por qué no respondéis?

And the Spaniard remembers Madrid and says: sister,
resist, capital of glory, resist:
from the soil rises all the spilt blood
of Spain, and throughout Spain it is rising again,
and the Spaniard asks, next to the
firing-squad wall, if Stalingrad lives:
and there is in prison a chain of black eyes
that riddle the walls with your name,
and Spain shakes herself with your blood and your dead,
because you, Stalingrad, held out to her your heart
when Spain was giving birth to heroes like yours.

She knows loneliness, Spain,
as today, Stalingrad, you know your loneliness.
Spain tore at the earth with her nails
when Paris was prettier than ever,
Spain drained her immense tree of blood
when London was grooming, as Pedro Garfías
tells us, her lawn and her swan lakes.

Today you know that, sturdy virgin,
today you know, Russia, loneliness and cold.
When thousands of howitzers shatter your heart,
when scorpions with crime and venom,
Stalingrad, rush to pierce your heart,
New York dances, London meditates, and I say "merde,"
because my heart can stand no more and our
hearts
can stand no more, cannot live
in a world that lets its heroes die alone.

You leave them alone? They will come for you!
You leave them alone?
                    Do you want life
to flee to the tomb, and the smiles of men
to be erased by cesspools and Calvary?
Why do you not answer?

Queréis más muertos en el frente del Este
hasta que llenen totalmente el cielo vuestro?
Pero entonces no os va a quedar sino el infierno.
El mundo está cansándose de pequeñas hazañas,
de que en Madagascar los generales
maten con heroísmo cincuenta y cinco monos.

El mundo está cansado de otoñales reuniones
presididas aún por un paraguas.

Ciudad, Stalingrado, no podemos
llegar a tus murallas, estamos lejos.
Somos los mexicanos, somos los araucanos,
somos los patagones, somos los guaraníes,
somos los uruguayos, somos los chilenos,
somos millones de hombres.
Ya tenemos por suerte deudos en la familia,
pero aún no llegamos a defenderte, madre.
Ciudad, ciudad de fuego, resiste hasta que un día
lleguemos, indios náufragos, a tocar tus murallas
como un beso de hijos que esperaban llegar.

Stalingrado, aún no hay Segundo Frente,
pero no caerás aunque el hierro y el fuego
te muerdan día y noche.

Aunque mueras, no mueres!

Porque los hombres ya no tienen muerte
y tienen que seguir luchando desde el sitio en que caen
hasta que la victoria no esté sino en tus manos
aunque estén fatigadas y horadadas y muertas,
porque otras manos rojas, cuando las vuestras caigan,
sembrarán por el mundo los huesos de tus héroes
para que tu semilla llene toda la tierra.

Do you want more dead on the Eastern Front
until they totally fill your sky?
But then you will have nothing left but hell.
The world is getting bored with little deeds,
bored that in Madagascar the generals
heroically kill fifty-five monkeys.

The world is bored with autumnal meetings
still presided over by an umbrella.

City, Stalingrad, we cannot
reach your walls, we are far away.
We are the Mexicans, we are the Araucanians,
we are the Patagonians, we are the Guaranís,
we are the Uruguayans, we are the Chileans,
we are millions of men.
We now luckily have relatives in the family,
but we still do not come to defend you, mother.
City, city of fire, resist until one day
we come, shipwrecked Indians, to touch your walls
like a kiss from sons who were eager to arrive.

Stalingrad, there is not yet a Second Front,
but you will not fall, even though iron and fire
pierce you day and night.

Even though you die, you do not die!

Because men can no longer die
and must go on struggling from the place where they fall
until victory lies only in your hands
although they are weary and pierced and dead,
because other red hands, when your hands fall,
will sow throughout the world the bones of your heroes
so that your seed may fill all the earth.

NUEVO CANTO DE AMOR A STALINGRADO

Yo escribí sobre el tiempo y sobre el agua,
describí el luto y su metal morado,
yo escribí sobre el cielo y la manzana,
                    ahora escribo sobre Stalingrado.

Ya la novia guardó con su pañuelo
el rayo de mi amor enamorado,
ahora mi corazón está en el suelo,
                    en el humo y la luz de Stalingrado.

Yo toqué con mis manos la camisa
del crepúsculo azul y derrotado:
ahora toco el alba de la vida
                    naciendo con el sol de Stalingrado.

Yo sé que el viejo joven transitorio
de pluma, como un cisne encuadernado,
desencuaderna su dolor notorio
                    por mi grito de amor a Stalingrado.

Yo pongo el alma mía donde quiero.
Y no me nutro de papel cansado,
adobado de tinta y de tintero.
                    Nací para cantar a Stalingrado.

Mi voz estuvo con tus grandes muertos
contra tus propios muros machacados,
mi voz sonó como campana y viento
                    mirándote morir, Stalingrado.

A NEW LOVE SONG TO STALINGRAD*

I wrote about the weather and about the water,
I described mourning and its purple character,
I wrote about the sky and the apple,
   now I write about Stalingrad.

The bride already tucked away with her handkerchief
the thunderbolt of my loving love,
now my heart is on the ground,
   in the smoke and light of Stalingrad.

I touched with my hands the shirt
of the blue and defeated dusk:
now I touch the dawn of life
   being born with the sun of Stalingrad.

I know that the old transitory scribbling
youth, like a leather-bound swan,
unbinds his proverbial grief
   because of my love cry to Stalingrad.

I put my heart where I choose.
I do not feed upon weary paper
dressed in ink and inkwell.
   I was born to sing to Stalingrad.

My voice was with your great dead
smashed to bits against your own walls,
my voice sounded like bell and wind
   watching you die, Stalingrad.

*Written as a counterblast to the objections to political poetry voiced by some
young Mexican intellectuals.—D.D.W.

Ahora americanos combatientes
blancos y oscuros como los granados
matan en el desierto a la serpiente.
          Ya no estás sola, Stalingrado.

Francia vuelve a las viejas barricadas
con pabellón de furia enarbolado
sobre las lágrimas recién secadas.
          Ya no estás sola, Stalingrado.

Y los grandes leones de Inglaterra
volando sobre el mar huracanado
clavan las garras en la parda tierra.
          Ya no estás sola, Stalingrado.

Hoy bajo tus montañas de escarmiento
no sólo están los tuyos enterrados:
temblando está la carne de los muertos
          que tocaron tu frente, Stalingrado.

Deshechas van las invasoras manos,
triturados los ojos del soldado,
están llenos de sangre los zapatos
          que pisaron tu puerta, Stalingrado.

Tu acero azul de orgullo construido,
tu pelo de planetas coronados,
tu baluarte de panes divididos,
          tu frontera sombría, Stalingrado.

Tu Patria de martillos y laureles,
la sangre sobre tu esplendor nevado,
la mirada de Stalin a la nieve
          tejida con tu sangre, Stalingrado.

Now American fighters
white and dark as pomegranates
kill the serpent in the desert.
             You are alone no more, Stalingrad.

France returns to the old barricades
with a banner of fury raised
above freshly dried tears.
             You are alone no more, Stalingrad.

And the great lions of England
flying over the stormy sea
dig their claws into the brown earth.
             You are alone no more, Stalingrad.

Today under your mountains of punishment
your dead are not buried alone:
trembling is the flesh of the dead
             who touched your brow, Stalingrad.

Smashed are the invading hands,
shattered the soldier's eyes,
filled with blood are the shoes
             that trampled your door, Stalingrad.

Your blue steel built of pride,
your hair of crowned planets,
your bulwark of shared loaves,
             your dark frontier, Stalingrad.

Your fatherland of hammers and laurels,
the blood upon your snowy splendor,
the gaze of Stalin at the snow
             stained with your blood, Stalingrad.

Las condecoraciones que tus muertos
han puesto sobre el pecho traspasado
de la tierra, y el estremecimiento
      de la muerte y la vida, Stalingrado.

La sal profunda que de nuevo traes
al corazón del hombre acongojado
con la rama de rojos capitanes
      salidos de tu sangre, Stalingrado.

La esperanza que rompe en los jardines
como la flor del árbol esperado,
la página grabada de fusiles,
      las letras de la luz, Stalingrado.

La torre que concibes en la altura,
los altares de piedra ensangrentados,
los defensores de tu edad madura,
      los hijos de tu piel, Stalingrado.

Las águilas ardientes de tus piedras,
los metales por tu alma amamantados,
los adioses de lágrimas inmensas
      y las olas de amor, Stalingrado.

Los huesos de asesinos malheridos,
los invasores párpados cerrados,
y los conquistadores fugitivos
      detrás de tu centella, Stalingrado.

Los que humillaron la curva del Arco
y las aguas del Sena han taladrado
con el consentimiento del esclavo,
      se detuvieron en Stalingrado.

The decorations that your dead
have placed upon the pierced breast
of the earth, and the shudder
           of death and life, Stalingrad.

The deep savor that you bring again
to the heart of stricken man
with the branch of red captains
           come from your blood, Stalingrad.

The hope that breaks out in gardens
like the flower of the hoped-for tree,
the page engraved with guns,
           the letters of light, Stalingrad.

The tower that you conceive on the height,
the bloody altars of stone,
the defenders of your ripe age,
           the sons of your flesh, Stalingrad.

The burning eagles of your stones,
the metals suckled by your soul,
the farewells of enormous tears
           and the waves of love, Stalingrad.

The bones of murderers deeply wounded,
the shut eyelids of invaders,
and the conquerors fleeing
           behind your lightningflash, Stalingrad.

Those who humbled the curve of the Arch
and pierced the waters of the Seine
with the slave's consent
           were stopped at Stalingrad.

Los que sobre Praga la Bella en lágrimas,
sobre lo enmudecido y traicionado,
pasaron pisoteando sus heridas,
            murieron en Stalingrado.

Los que en la gruta griega han escupido,
la estalactita de cristal truncado
y su clásico azul enrarecido,
            ahora dónde están, Stalingrado?

Los que España quemaron y rompieron
dejando el corazón encadenado
de esa madre de encinos y guerreros,
            se pudren a tus pies, Stalingrado.

Los que en Holanda, tulipanes y agua
salpicaron de lodo ensangrentado
y esparcieron el látigo y la espada
            ahora duermen en Stalingrado.

Los que en la noche blanca de Noruega
con un aullido de chacal soltado
quemaron esa helada primavera
            enmudecieron en Stalingrado.

Honor a ti por lo que el aire trae,
lo que se ha de cantar y lo cantado,
honor para tus madres y tus hijos
            y tus nietos, Stalingrado.

Honor al combatiente de la bruma,
honor al Comisario y al soldado,
honor al cielo detrás de tu luna,
            honor al sol de Stalingrado.

Those who over beautiful Prague in tears,
over the mute and betrayed,
passed trampling their wounds
        died in Stalingrad.

Those who have spat upon the Greek grotto,
truncated the crystal stalactite
and rarefied its classic blue,
        now where are they, Stalingrad?

Those who burned and shattered Spain,
leaving in chains the heart
of that mother of oak trees and warriors,
        rot at your feet, Stalingrad.

Those who in Holland spattered tulips
and water with bloody mud
and spread the scourge and the sword
        now sleep in Stalingrad.

Those who in the white night of Norway
with the howl of an unleashed jackal
burned that frozen spring
        were silent in Stalingrad.

Honor to you for what the air brings,
what is to be sung and what has been sung,
honor for your mothers and your sons
        and your grandsons, Stalingrad.

Honor to the fighter of the mist,
honor to the commissar and to the soldier,
honor to the sky behind your moon,
        honor to the sun of Stalingrad.

Guárdame un trozo de violenta espuma,
guárdame un rifle, guárdame un arado,
y que los pongan en mi sepultura
con una espiga roja de tu estado,
para que sepan, si hay alguna duda,
que he muerto amándote y que me has amado,
y si no he combatido en tu cintura
dejo en tu honor esta granada oscura,
          este canto de amor a Stalingrado.

Keep for me a fleck of violent spume,
keep for me a rifle, keep for me a plough,
and have them placed upon my tomb
with a red flower from your land,
so that they may know, if there is any doubt,
that I died loving you and that you loved me,
and if I have not fought at your side,
I leave behind in your honor this dark pomegranate,
this song of love to Stalingrad.

TINA MODOTTI HA MUERTO

Tina Modotti, hermana, no duermes, no, no duermes.
Tal vez tu corazón oye crecer la rosa
de ayer, la última rosa de ayer, la nueva rosa.
      Descansa dulcemente, hermana.

La nueva rosa es tuya, la nueva tierra es tuya:
te has puesto un nuevo traje de semilla profunda
y tu suave silencio se llena de raíces.
      No dormirás en vano, hermana.

Puro es tu dulce nombre, pura es tu frágil vida.
De abeja, sombra, fuego, nieve, silencio, espuma,
de acero, línea, polen se construyó tu férrea,
      tu delgada estructura.

El chacal a la alhaja de tu cuerpo dormido
aún asoma la pluma y el alma ensangrentada
como si tú pudieras, hermana, levantarte,
      sonriendo sobre el lodo.

A mi patria te llevo para que no te toquen,
a mi patria de nieve para que a tu pureza
no llegue el asesino, ni el chacal, ni el vendido:
      allí estarás tranquila.

Oyes un paso, un paso lleno de pasos, algo
grande desde la estepa, desde el Don, desde el frío?
Oyes un paso firme de soldado en la nieve?
      Hermana, son tus pasos.

Ya pasarán un día por tu pequeña tumba
antes de que las rosas de ayer se desbaraten,
ya pasarán a ver los de un día, mañana,
      donde está ardiendo tu silencio.

TINA MODOTTI IS DEAD

Tina Modotti, sister, you do not sleep, no, you do not sleep.
Perhaps your heart hears the rose of yesterday
growing, the last rose of yesterday, the new rose.
      Rest gently, sister.

The new rose is yours, the new earth is yours:
you have put on a new dress of deep seed
and your soft silence is filled with roots.
      You shall not sleep in vain, sister.

Pure is your gentle name, pure is your fragile life.
Of bee, shadow, fire, snow, silence, foam,
of steel, line, pollen was built your tough,
      your slender structure.

The jackal at the jewel of your sleeping body
still shows the white feather and the bloody soul
as if you, sister, could rise up,
      smiling above the mud.

To my country I take you so that they will not touch you,
to my snow country so that your purity
will be far from the assassin, the jackal, the Judas:
      there you will be at peace.

Do you hear a step, a step-filled step, something
huge from the great plain, from the Don, from the cold?
Do you hear the firm step of a soldier upon the snow?
      Sister, they are your steps.

They will pass one day by your little tomb
before yesterday's roses are withered,
the steps of tomorrow will pass by to see
      where your silence is burning.

325

Un mundo marcha al sitio donde tú ibas, hermana.
Avanzan cada día los cantos de tu boca
en la boca del pueblo glorioso que tú amabas.
      Tu corazón era valiente.

En las viejas cocinas de tu patria, en las rutas
polvorientas, algo se dice y pasa,
algo vuelve a la llama de tu dorado pueblo,
      algo despierta y canta.

Son los tuyos, hermana: los que hoy dicen tu nombre,
los que de todas partes, del agua y de la tierra,
con tu nombre otros nombres callamos y decimos.
      Porque el fuego no muere.

A world marches to the place where you were going, sister.
The songs of your mouth advance each day
in the mouths of the glorious people that you loved.
Your heart was brave.

In the old kitchens of your country, on the dusty
roads, something is said and passes on,
something returns to the flame of your golden people,
something awakes and sings.

They are your people, sister: those who today speak your name,
we who from everywhere, from the water and the land,
with your name leave unspoken and speak other names.
Because fire does not die.

7 DE NOVIEMBRE
ODA A UN DÍA DE VICTORIAS

Este doble aniversario, este día, esta noche,
hallarán un mundo vacío, encontrarán un torpe
hueco de corazones desolados?
            No, más que un día con horas,
es un paso de espejos y de espadas,
es una doble flor que golpea la noche
hasta arrancar el alba de su cepa nocturna!

Día de España que del Sur
vienes, valiente día
de plumaje férreo,
llegas de allí, del último que cae con la
      frente quebrada
con tu cifra de fuego todavía en la boca!

Y vas allí con nuestro
recuerdo insumergido:
tú fuiste el día, tú eres
la lucha, tú sostienes
la columna invisible, el ala
de donde va a nacer, con tu número, el vuelo!

Siete, Noviembre, en dónde vives?
En dónde arden los pétalos, en dónde tu silbido
dice al hermano: sube!, y al caído: levántate!
En dónde tu laurel crece desde la sangre
y atraviesa la pobre carne del hombre y sube
a construir el héroe?

7TH OF NOVEMBER:
ODE TO A DAY OF VICTORIES

This double anniversary,★ this day, this night,
will they find an empty world, will they meet a crude
hollow of desolate hearts?

                    No, more than a day with hours,
it is a procession of mirrors and swords,
it is a double flower that beats upon the night
until it tears daybreak from its night roots!

Day of Spain coming from the
south, valiant day
of iron plumage,
you arrive from there, from the last man that falls with
      shattered brow
and with your fiery number still in his mouth!

And you go there with our
memory unsubmerged:
you were the day, you are
the struggle, you support
the invisible column, the wing
from which flight, with your number, will be born!

Seven, November, where do you dwell?
Where do the petals burn, where does your whisper
say to the brother: go up! and to the fallen: arise!
Where does your laurel grow from the blood
and cross the frail flesh of man and go up
to fashion the hero?

★The fifth anniversary of the (temporary) turning back of the Nationalist army
at the gates of Madrid and the twenty-fourth anniversary of the Soviet Union.—
D.D.W.

En ti, otra vez, Unión,
en ti, otra vez, hermana de los pueblos del mundo,
patria pura y soviética. Vuelve a ti tu semilla
grande como un follaje derramado en la tierra!

No hay llanto para ti, Pueblo, en tu lucha!
Todo ha de ser de hierro, todo ha de andar y herir,
todo, hasta el impalpable silencio, hasta la duda,
hasta la misma duda que con mano de invierno
nos busque el corazón para helarlo y hundirlo,
todo, hasta la alegría, todo sea de hierro
para ayudarte, hermana y madre, en la victoria!

Que el que reniega hoy sea escupido!
Que el miserable hoy tenga su castigo en la hora
de las horas, en la sangre total,
                              que el cobarde retorne
a las tinieblas, que los laureles pasen al valiente,
al valiente camino, a la valiente nave
de nieve y sangre que defiende el mundo!

Yo te saludo, Unión Soviética, en este día,
con humildad: soy escritor y poeta.
Mi padre era ferroviario: siempre fuimos pobres.
Estuve ayer contigo, lejos, en mi pequeño
país de grandes lluvias. Allí creció tu nombre
caliente, ardiendo en el pecho del pueblo,
hasta tocar el alto cielo de mi república!

Hoy pienso en ellos, todos están contigo!
De taller a taller, de casa a casa,
vuela tu nombre como un ave roja!
Alabados sean tus héroes, y cada gota
de tu sangre, alabada
sea la desbordante marejada de pechos
que defienden tu pura y orgullosa morada!

In you, once more, Union,
in you, once more, sister of the peoples of the world,
pure and Soviet fatherland. To you returns your seed
in a leafy flood scattered upon the earth!

There are no tears for you, People, in your struggle!
All must be of iron, all must march and wound,
all, even impalpable silence, even doubt,
even the very doubt that with wintry hand
seeks our hearts to freeze them and sink them,
all, even joy, all must be of iron
to help you, sister and mother, in victory!

May today's renegade be spat upon!
May the wretch today meet his punishment in the hour
of hours, in the total blood,
                              may the coward return
to darkness, may the laurels go to the valiant,
the valiant highway, the valiant ship
of snow and blood that defends the world!

I greet you, Soviet Union, on this day,
with humility: I am a writer and a poet.
My father was a railroad worker: we were always poor.
Yesterday I was with you, far off, in my little
country of great rains. There your name grew
hot, burning in the people's breasts
until it touched my country's lofty sky!

Today I think of them, they are all with you!
From factory to factory, from house to house,
your name flies like a red bird!
Praised be your heroes, and each drop
of your blood, praised
be the overflowing tide of hearts
that defend your pure and proud dwelling!

Alabado sea el heroico y amargo
pan que te nutre, mientras las puertas del tiempo se abren
para que tu ejército de pueblo y de hierro marche cantando
entre ceniza y páramo, sobre los asesinos,
a plantar una rosa grande como la luna
en la fina y divina tierra de la victoria!

Praised be the heroic and bitter
bread that nourishes you, while the doors of time open
so that your army of people and iron may march, singing
among ashes and barren plain, against the assassins,
to plant a rose enormous as the moon
upon the fine and divine land of victory!

UN CANTO PARA BOLÍVAR

Padre nuestro que estás en la tierra, en el agua, en el aire
de toda nuestra extensa latitud silenciosa,
todo lleva tu nombre, padre, en nuestra morada:
tu apellido la caña levanta a la dulzura,
el estaño bolívar tiene un fulgor bolívar,
el pájaro bolívar sobre el volcán bolívar,
la patata, el salitre, las sombras especiales,
las corrientes, las vetas de fosfórica piedra,
todo lo nuestro viene de tu vida apagada,
tu herencia fueron ríos, llanuras, campanarios,
tu herencia es el pan nuestro de cada día, padre.

Tu pequeño cadáver de capitán valiente
ha extendido en lo inmenso su metálica forma,
de pronto salen dedos tuyos entre la nieve
y el austral pescador saca a la luz de pronto
tu sonrisa, tu voz palpitando en las redes.
De qué color la rosa que junto a tu alma alcemos?
Roja será la rosa que recuerde tu paso.
Cómo serán las manos que toquen tu ceniza?
Rojas serán las manos que en tu ceniza nacen.
Y cómo es la semilla de tu corazón muerto?
Es roja la semilla de tu corazón vivo.

Por eso es hoy la ronda de manos junto a ti.
Junto a mi mano hay otra y hay otra junto a ella,
y otra más, hasta el fondo del continente oscuro.
Y otra mano que tú no conociste entonces
viene también, Bolívar, a estrechar a la tuya
de Teruel, de Madrid, del Jarama, del Ebro,
de la cárcel, del aire, de los muertos de España
llega esta mano roja que es hija de la tuya.

A SONG FOR BOLÍVAR

Our father who art in the earth, in the water, in the air
of all our great and silent breadth,
all bears thy name, father, in our land:
thy name the sugar cane raises to the sweetness,
Bolívar tin has a Bolívar brilliance,
the Bolívar bird over the Bolívar volcano,
the potato, the saltpeter, the special shadows,
the currents, the veins of phosphoric stone,
all that is ours comes from thine extinguished life,
thy heritage was rivers, plains, bell towers,
thy heritage is this day our daily bread, father.

Thy little brave captain's corpse
has stretched to immensity its metallic form,
suddenly thy fingers spread out through the snow
and the southern fisher suddenly brings to light
thy smile, thy voice throbbing in the nets.
What color will be the rose that we lift next to thy heart?
Red will be the rose that remembers thy step.
How will the hands be that touch thine ashes?
Red will be the hands that in thine ashes are born.
And how is the seed of thy dead heart?
Red is the seed of thy living heart.

That is why there is today the circle of hands next to thee.
Next to my hand there is another and another next to it,
and still another, to the depths of the dark continent.
And another hand that thou didst not then know
comes also, Bolívar, to clasp thy hand
from Teruel, from Madrid, from the Jarama, from the Ebro,
from the prison, from the air, from the Spanish dead
arrives this red hand that is a daughter of thine.

Capitán, combatiente, donde una boca
grita libertad, donde un oído escucha,
donde un soldado rojo rompe una frente parda,
donde un laurel de libres brota, donde una nueva
bandera se adorna con la sangre de nuestra insigne aurora,
Bolívar, capitán, se divisa tu rostro.
Otra vez entre pólvora y humo tu espada está naciendo.
Otra vez tu bandera con sangre se ha bordado.
Los malvados atacan tu semilla de nuevo,
clavado en otra cruz está el hijo del hombre.

Pero hacia la esperanza nos conduce tu sombra,
el laurel y la luz de tu ejército rojo
a través de la noche de América con tu mirada miran.
Tus ojos que vigilan más allá de los mares,
más allá de los pueblos oprimidos y heridos,
más allá de las negras ciudades incendiadas,
tu voz nace de nuevo, tu mano otra vez nace:
tu ejército defiende las banderas sagradas:
la Libertad sacude las campanas sangrientas,
y un sonido terrible de dolores precede
la aurora enrojecida por la sangre del hombre.

Libertador, un mundo de paz nació en tus brazos.
La paz, el pan, el trigo de tu sangre nacieron,
de nuestra joven sangre venida de tu sangre
saldrán paz, pan y trigo para el mundo que
    haremos.

Yo conocí a Bolívar una mañana larga,
en Madrid, en la boca del Quinto Regimiento,
Padre, le dije, eres o no eres o quién eres?
Y mirando el Cuartel de la Montaña, dijo:
"Despierto cada cien años cuando despierta el pueblo."

Captain, fighter, where one mouth
shouts liberty, where one ear listens,
where one red soldier smashes a dark forehead,
where one freeman's laurel blossoms, where a new
banner is adorned with the blood of our illustrious dawn,
Bolívar, captain, thy face is seen.
Again amid powder and smoke thy sword comes to life.
Again thy banner has been embroidered with blood.
The evil ones attack thy seed again,
nailed to another cross is the son of man.

But toward hope thy shadow leads us,
the laurel and the light of thy red army
across the night of America look with thy look.
Thine eyes that watch beyond the seas,
beyond the peoples oppressed and wounded,
beyond the black burned cities,
thy voice is born anew, thy hand again is born:
thine army defends the sacred banners:
Liberty shakes the bloody bells,
and a terrible sound of grief precedes
the dawn reddened by the blood of man.

Liberator, a world of peace was born in thine arms.
Peace, bread, the wheat of thy blood were born,
from our young blood, come from thy blood,
will come peace, bread and wheat for the world that we
        shall make.

I came upon Bolívar, one long morning,
in Madrid, at the entrance to the Fifth Regiment.
Father, I said to him, are you, or are you not, or who are you?
And, looking at the Mountain Barracks, he said:
"I awake every hundred years when the people awake."

CANTO A LOS RÍOS DE ALEMANIA

Sobre el Rhin, en la noche, lleva el agua una boca
y la boca una voz y la voz una lágrima
y una lágrima corre por todo el Rhin dorado
donde ya la dulzura de Lorelei no vive,
una lágrima empapa las cepas cenicientas
para que el vino tenga también sabor de lágrimas.
Sobre el Rhin, en la noche, lleva el agua una lágrima,
una voz, una boca que lo llena de sal.

Toda la primavera se ha mojado de llanto
porque el río la cubre de saladas raíces
y las lágrimas suben al árbol lentamente
hasta brillar encima como flores de hielo:
pasa la madre y mira su lágrima en la altura,
pasa el hombre y su largo silencio ha florecido:
y el prisionero desde su martirio conoce
lo que la primavera le dice desde el aire.

El Elbe ha recorrido toda tu fría tierra:
algo quiere decirte su lengua congelada,
calla bajo los puentes de la ciudad extrema
y habla en los campos, solo, sin decir su mensaje,
errante y vacilante como un niño perdido.

Pero el Oder no tiene transparencia ni canto,
el Oder lleva sangre que no canta ni brilla,
sangre secreta llevan sus aguas hacia el norte
y el Océano espera su sangre cada día:
el viejo río tiembla como una nueva arteria,
recoge del martirio su testimonio y corre
para que no se pierda nuestra sangre en la tierra.

SONG TO THE RIVERS OF GERMANY

Upon the Rhine, in the night, the water bears a mouth
and the mouth a voice and the voice a tear
and a tear flows all along the golden Rhine
where Lorelei's sweetness no longer lives,
a tear soaks the ashen roots
so that the wine too may have a taste of tears.
Upon the Rhine, in the night, the water bears a tear,
a voice, a mouth that fills it with salt.

Spring has become all wet with tears
because the river covers it with salty roots
and tears climb the tree slowly
until they shine on top like flowers of ice:
the mother passes and looks at her tear on high,
the man passes and his long silence has blossomed:
and the prisoner from his martyrdom knows
what spring says to him from the air.

The Elbe has flowed through all your frozen earth:
its icy tongue tries to tell you something,
it goes silent under the bridges at the city's edge
and it talks in the fields, alone, without telling its message,
wandering and hesitant as a lost child.

But the Oder has no transparency, no song,
the Oder bears blood that does not sing or shine,
secret blood its waters bear toward the north
and Ocean awaits its blood each day:
the old river trembles like a new artery,
it gathers from martyrdom its testimony and flows
so that our blood will not be lost upon the earth.

Ya no llevan los ríos un pétalo de frío
sino la sanguinaria rosa de los verdugos
y la ilustre semilla del árbol de mañana:
árbol extraño, mezcla de látigo y laurel.
Bajo la tierra el agua de la venganza crece
y la victoria pone los frutos de su parto
sobre las viejas venas azules de la tierra,
para que así se lave junto al agua sangrienta
el corazón del hombre cuando nazca de nuevo.

Alemania Libre, quién dice
que no luchas? Tus muertos hablan bajo la tierra.
Alemania, quién dice que sólo eres la cólera
del asesino? Y con quién comenzó el asesino?
No amarraron tus puras manos de piedra un día
para quemarlas? No levantó el verdugo
sus primeros incendios
sobre tu pura frente de música y de frío?
No rompieron el pétalo más profundo de Europa
sacándolo con sangre de tu corazón rojo?
Quién es el combatiente que se atreve
a tocar tu linaje de dolores?

Brigadas
de alemanes hermanos:
atravesasteis todo el silencio del mundo
para poner el ancho pecho junto a nosotros,
vuestras prisiones eran como un río de noche
que hacia España llevaban vuestra secreta voz,
porque ésa era la grave patria que defendimos
de los hambrientos lobos que os mordían el alma.

La voz de Einstein era una voz de ríos.
La voz de Heine cantaba como el agua en nosotros.
La voz de Mendelssohn de las viejas montañas
bajaba a refrescar nuestras secas gargantas.

The rivers no longer bear a petal of cold
but the bloody rose of the hangmen
and the illustrious seed of the tree of tomorrow:
a strange tree, mixture of scourge and laurel.
Beneath the earth the water of vengeance swells
and victory places the fruits of her labor
upon the old blue veins of the earth,
so that thus may be washed next to the bloody water
the heart of man when he is born anew.

Free Germany, who says
you are not struggling? Your dead speak beneath the earth.
Germany, who says that you are only the assassin's
anger? And with whom did the assassin begin?
Did they not tie your pure hands of stone one day
to burn them? Did the hangman not start
his first fires
upon your pure brow of music and frost?
Did they not crush the deepest petal of Europe
drawing it all bleeding from your red heart?
Who is the fighter who dares
to touch your lineage of sorrows?

Brigades
of German brothers:
you crossed all the silence of the world
to put your great heart next to us,
your prisons were like a night river
that carried toward Spain your secret voice,
for that was the noble country that we defended
from the ravenous wolves that were eating away your soul.

The voice of Einstein was a voice of rivers.
The voice of Heine sang like water in us.
The voice of Mendelssohn down from the old mountains
came to cool our parched throats.

La voz de Thaelmann como un río enterrado
palpitaba en la arena del combate del hombre,
y todas vuestras voces de catedral y cauce
desde las altas peñas de Europa se escuchaban
caer en una inmensa catarata fluvial.

Todos los ríos hablan de lo que precipitas.
Sordas venas de sangre tu territorio cruzan
y el alma encadenada se sacude en tu tierra.

Libre Alemania, madre de este río secreto
que desde el hacha brota, desde la cárcel llega
refrescando los pasos del soldado invisible:
en la noche, en la niebla se oye tu voz ahogada
crecer, unirse, hacerse, repartirse y correr
y cantar con tu voz antigua el viejo canto.
Un nuevo río corre profundo y poderoso
desde tu torturado corazón, Alemania,
y desde la desdicha sus aguas se levantan.
La voz secreta crece junto a las rojas márgenes
y el hombre sumergido se levanta y camina.

The voice of Thälmann like a buried river
throbbed in the arena of man's combat,
and all your voices of cathedral and river bed
from the lofty cliffs of Europe were heard
tumbling in an immense fluvial waterfall.

All the rivers speak of what you hasten.
Mute veins of blood cross your domains
and the chained soul is shaken in your earth.

Free Germany, mother of this secret river
that gushes from the torch, from the prison comes
refreshing the steps of the invisible soldier:
in the night, in the fog your muffled voice is heard
growing, uniting, shaping, spreading, flowing
and singing with your ancient voice the old song.
A new river flows deep and powerful
from your tortured heart, Germany,
and from misfortune its waters rise.
The secret voice grows next to the red banks
and the sunken man rises up and walks.

CANTO EN LA MUERTE Y RESURRECCIÓN
DE LUIS COMPANYS

Cuando por la colina donde otros muertos siguen
vivos, como semillas sangrientas y enterradas
creció y creció tu sombra hasta apagar el aire
y se arrugó la forma de la almendra nevada
y se extendió tu paso como un sonido frío
que caía desde una catedral congelada,
tu corazón golpeaba las puertas más eternas:
la casa de los muertos capitanes de España.

Joven padre caído con la flor en el pecho,
con la flor en el pecho de la luz catalana,
con el clavel mojado de sangre inextinguible,
con la amapola viva sobre la luz quebrada,
tu frente ha recibido la eternidad del hombre
entre los enterrados corazones de España.

Tu alma tuvo el aceite virginal de la aldea
y el áspero rocío de tu tierra dorada
y todas las raíces de Cataluña herida
recibían la sangre del manantial de tu alma,
las grutas estelares donde el mar combatido
deshace sus azules bajo la espuma brava,
y el hombre y el olivo duermen en el perfume
que dejó por la tierra tu sangre derramada.

Deja que rumbo a rumbo de Cataluña roja,
y que de punta a punta de las piedras de España,
paseen los claveles de tu viviente herida
y mojen los pañuelos en tu sangre sagrada,
los hijos de Castilla que no pueden llorarte

SONG ON THE DEATH AND RESURRECTION
OF LUIS COMPANYS*

When up the hill where other dead men go on
living, like bloody, buried seeds,
your shadow grew and grew until it blotted out the air
and the shape of the snowy almond shriveled
and your step spread like a cold sound
that fell from a frozen cathedral,
your heart knocked at the most eternal doors:
the house of the dead captains of Spain.

Young father fallen with the flower in your breast,
with the flower in your breast of Catalonian light,
with the carnation drenched in inextinguishable blood,
with the living poppy above the broken light,
your brow has received the eternity of man
among the buried hearts of Spain.

Your soul held the virginal oil of the village
and the harsh dew of your golden earth
and all the roots of wounded Catalonia
received the blood from the fountain of your soul,
the starry grottoes where the militant sea
dashes its blue waves beneath the angry foam,
and man and olive tree sleep in the fragrance
left upon the earth by your spilt blood.

Spreading out from red Catalonia
and from all the stones of Spain,
let them display the carnations of your living wound
and moisten their kerchiefs in your sacred blood,
the sons of Castile that can not weep for you

*Luis Companys y Jover, 1883–1940, Catalan leader who fled to France at the
fall of the Republic. He was returned to Spain by Marshal Pétain and executed
there.—D.D.W.

345

porque eres en lo eterno de piedra castellana,
las niñas de Galicia que lloran como ríos,
los niños gigantescos de la mina asturiana,
todos, los pescadores de Euzkadi, los del Sur,
     los que tienen
otro capitán muerto que vengar en Granada,
tu patria guerrillera que escarba el territorio
encontrando los viejos manantiales de España.

Guerrilleros de todas las regiones, salud,
tocad, tocad la sangre bajo la tierra amada:
es la misma, caída por la extensión lluviosa
del Norte y sobre el Sur de corteza abrasada:
atacad a los mismos enemigos amargos,
levantad una sola bandera iluminada:
unidos por la sangre del capitán Companys
reunida en la tierra con la sangre de España!

because you are forever of Castilian stone,
the girls of Galicia that weep like rivers,
the giant boys of the Asturian mine,
all of them, the Basque fisherman, those from the South,
     those who have
another dead captain to avenge in Granada,
your warrior land that digs into the earth
finding the ancient springs of Spain.

Guerrilla fighters from all the regions, greetings,
touch, touch the blood under the beloved earth:
it is the same, fallen upon the rainy expanse
of the north and upon the south of burning crust:
attack the same bitter enemies,
raise a single bright banner:
united by the blood of Captain Companys
joined in the earth with the blood of Spain!

DURA ELEGÍA

Señora, hiciste grande, más grande a nuestra América.
Le diste un río puro, de colosales aguas:
le diste un árbol alto de infinitas raíces:
un hijo tuyo digno de su patria profunda.

Todos lo hemos querido junto a estas orgullosas
flores que cubrirán la tierra en que reposas,
todos hemos querido que viniera del fondo
de América, a través de la selva y del páramo,
para que así tocara tu frente fatigada
su noble mano llena de laureles y adioses.

Pero otros han venido por el tiempo y la tierra,
señora, y le acompañan en este adiós amargo
para el que te negaron la boca de tu hijo
y a él, el encendido corazón que guardabas.
Para tu sed negaron el agua que creaste,
el manantial remoto de su boca apartaron.
Y no sirven las lágrimas en esta piedra rota,
en que duerme una madre de fuego y de claveles.

Sombras de América, héroes coronados de furia,
de nieve, sangre, océano, tempestad y palomas,
aquí: venid al hueco que esta madre en sus ojos
guardaba para el claro capitán que esperamos:
héroes vivos y muertos de nuestra gran bandera:

HARSH ELEGY

Lady, you made our America great, even greater.
You gave her a pure river of colossal waters:
you gave her a lofty tree of infinite roots:
a son of yours worthy of his depthless country.

We have all wished to see him next to these proud
flowers that will cover the earth in which you rest,
we have all wished that he would come from the depths
of America, across the forest and the high barren plain,
so that thus his noble hand, covered with laurels
and farewells, could touch your weary brow.

But others have come through time and earth,
lady, and they join him in this bitter farewell
for which they denied you the mouth of your son
and denied him the burning heart that you preserved.
For your thirst they denied the water that you created,
they kept away the distant fountain of his mouth.
And tears are useless on this broken stone,
in which sleeps a mother of fire and carnations.

Spirits of America, heroes crowned with fury,
with snow, blood, ocean, storm, and doves,
here: come to the hollow that this mother in her eyes
kept for the fair captain that we await:
heroes living and dead of our great banner:

O'Higgins, Juárez, Cárdenas, Recabarren, Bolívar,
Martí, Miranda, Artigas, Sucre, Hidalgo, Morelos,
Belgrano, San Martín, Lincoln, Carrera, todos,
venid, llenad el hueco de vuestro gran hermano
y que Luis Carlos Prestes sienta en su celda el aire,
las alas torrenciales de los padres de América.

La casa del tirano tiene hoy una presencia
grave como un inmenso ángel de piedra,
la casa del tirano tiene hoy una visita
dolorosa y dormida como una luna eterna,
una madre recorre la casa del tirano,
una madre de llanto, de venganza, de flores,
una madre de luto, de bronce, de victoria,
mirará eternamente los ojos del tirano
hasta clavar en ellos nuestro luto mortal.

Señora, hoy heredamos tu lucha y tu congoja.
Heredamos tu sangre que no tuvo reposo.
Juramos a la tierra que te recibe ahora,
no dormir ni soñar hasta que vuelva tu hijo.
Y como en tu regazo su cabeza faltaba
nos hace falta el aire que su pecho respira,
nos hace falta el cielo que su mano indicaba.
Juramos continuar las detenidas venas,

O'Higgins, Juárez, Cárdenas, Recabarren, Bolívar,
Martí, Miranda, Artigas, Sucre, Hidalgo, Morelos,
Belgrano, San Martín, Lincoln, Carrera, all,*
come, fill the hollow of your great brother
and let Luis Carlos Prestes** feel in his cell the air,
the torrential wings of the fathers of America.

The tyrant's house today has a presence
grave as an immense angel of stone,
the tyrant's house today has a visitor
mournful and sleeping like an eternal moon,
a mother goes through the tyrant's house,
a mother of weeping, of vengeance, of flowers,
a mother of mourning, of bronze, of victory,
she will look eternally into the tyrant's eyes
until she fixes in them our mortal mourning.

Lady, today we inherit your struggle and your anguish.
We inherit your blood that never had repose.
We swear to the earth that receives you today
not to sleep or dream until your son returns.
And as his head was missing from your lap
so we miss the air that his breast breathes,
so we miss the sky to which he raised his hand.
We swear to continue the thwarted veins,

*Bernardo O'Higgins, 1778–1842, liberator of Chile. Benito Juárez, 1806–72,
defender of Mexico against the French invasion and president of Mexico 1867–72.
Lázaro Cárdenas, 1895–, president of Mexico 1934–40. Luis E. Recabarren, foun-
der of the Chilean Communist party. Simón Bolívar, 1783–1830, the leader of
South America's Wars of Independence. José Martí, 1853–95, poet and martyr,
leader of Cuba's War of Independence. Francisco Miranda, 1750–1816, precursor
of Spanish-American independence. José Gervasio Artigas, 1764–1850, liberator of
Uruguay. Antonio José de Sucre, 1793–1830, Bolívar's lieutenant and the liberator
of Bolivia. Miguel Hidalgo, 1753–1811, liberator of Mexico. José María Morelos,
1765–1815, leader, after Hidalgo's death, in the Mexican War of Independence.
Manuel Belgrano, 1770–1820, Argentine patriot. José de San Martín, 1778–1850,
the liberator of southern South America. José Miguel Carrera, 1785–1821, first
president of Chile.—D.D.W.

**A Brazilian liberal politician, secretary general of the Communist party,
imprisoned by the Vargas government from 1935 to 1945.—D.D.W.

las detenidas llamas que en tu dolor crecían.
Juramos que las piedras que te ven detenerte
van a escuchar los pasos del héroe que regresa.

No hay cárcel para Prestes que esconda su diamante.
El pequeño tirano quiere ocultar su fuego
con sus pequeñas alas de murciélago frío
y se envuelve en el turbio silencio de la rata
que roba en los pasillos del palacio nocturno.
Pero como una brasa de centella y fulgores
a través de las barras de hierro calcinado
la luz del corazón de Prestes sobresale,
como en las grandes minas del Brasil la esmeralda,
como en los grandes ríos del Brasil la corriente,
y como en nuestros bosques de índole poderosa
sobresale una estatua de estrellas y follaje,
un árbol de las tierras sedientas del Brasil.

Señora, hiciste grande, más grande a nuestra América.
Y tu hijo encadenado combate con nosotros,
a nuestro lado, lleno de luz y de grandeza.
Nada puede el silencio de la araña implacable
contra la tempestad que desde hoy heredamos.
Nada pueden los lentos martirios de este tiempo
contra su corazón de madera invencible.

El látigo y la espada que tus manos de madre
pasearon por la tierra como un sol justiciero
iluminan las manos que hoy te cubren de tierra.
Mañana cambiaremos cuanto hirió tu cabello.
Mañana romperemos la dolorosa espina.
Mañana inundaremos de luz la tenebrosa
cárcel que hay en la tierra.

                    Mañana venceremos,
y nuestro Capitán estará con nosotros.

the thwarted flames that grew in your sorrow.
We swear that the stones that see you thwarted
are going to hear the steps of the returning hero.

There is no prison for Prestes that will hide his flaming jewel.
The little tyrant wants to hide his fire
with his little cold-bat wings
and he wraps himself in the turbid silence of the rat
that steals through the corridors of the night palace.
But like a live coal of brilliance and splendor
through the bars of burnt iron
the light of Prestes' heart shines forth,
like the emerald in the great Brazilian mines,
like the rapids in the great Brazilian rivers,
and just as in our mighty forests
shines forth a statue of stars and foliage,
a tree of the thirsty lands of Brazil.

Lady, you made our America great, even greater.
And your son in chains struggles with us,
at our side, filled with light and grandeur.
The silence of the relentless spider is powerless
against the storm that we inherit from today on.
The slow martyrdoms of this time are powerless
against his heart of invincible stock.

The lash and the sword that your maternal hands
passed over the earth like a sun of justice
shine on the hands that today cover you with earth.
Tomorrow we shall change all that wounded your hair.
Tomorrow we shall break the painful thorn.
Tomorrow we shall flood with light the dark
prison that exists on earth.

                    Tomorrow we shall overcome,
and our Captain will be with us.

CANTO AL EJÉRCITO ROJO A SU LLEGADA
A LAS PUERTAS DE PRUSIA

Éste es el canto entre la noche y el alba, éste es el canto
salido desde los últimos estertores como desde el cuero
golpeado de un tambor sangriento,
brotado de las primeras alegrías parecidas a la rama
florida en la nieve y al rayo del sol sobre
        la rama florida.

Éstas son las palabras que empuñaron lo agónico,
y que sílaba a sílaba estrujaron las lágrimas
        como ropa manchada
hasta secar las últimas humedades amargas del sollozo,
y hacer de todo el llanto la trenza endurecida,
la cuerda, el hilo duro que sostenga la aurora.

Hermanos, hoy podemos decir: el alba viene,
ya podemos golpear la mesa con el puño
que sostuvo hasta ayer nuestra frente con lágrimas.
Ya podemos mirar la torre cristalina
de nuestra poderosa cordillera nevada
porque en el alto orgullo de sus alas de nieve
brilla el fulgor severo de una nieve lejana
donde están enterradas las garras invasoras.

El Ejército Rojo en las puertas de Prusia. Oíd, oíd!,
oscuros, humillados, héroes radiantes de corona caída,
oíd!, aldeas deshechas y taladas y rotas,
oíd!, campos de Ukrania donde la espiga puede renacer
        con orgullo.
Oíd!, martirizados, ahorcados, oíd!,
        guerrilleros muertos,
tiesos bajo la escarcha con las manos que muerden
        todavía el fusil,
oíd!, muchachas, niños desamparados, oíd!, cenizas sagradas

SONG TO THE RED ARMY ON ITS ARRIVAL
AT THE GATES OF PRUSSIA

This is the song between night and dawn, this is the song
come from the last death rattles as if from the beaten
hide of a bloody drum,
burst forth from the first joys like the flowering
bough in the snow and like the ray of sunlight upon
    the flowering bough.

These are the words that clutched the dying
and that syllable by syllable squeezed the tears
    like soiled clothes
until they dried up the last bitter drops of sobbing
and made from all the weeping the hardened braid,
the cord, the hard thread that will uphold the dawn.

Brothers, today we can say: daybreak comes,
now we can strike the table with the fist
that until yesterday upheld our tearful brow.
Now we can look at the crystal tower
of our powerful snow-covered range
because in the lofty pride of its snowy wings
shines the stern splendor of a far-off snow
where the invader's claws are buried.

The Red Army at the gates of Prussia. Listen, listen!
dark, humbled, radiant heroes of fallen crown,
listen! villages destroyed and laid waste and broken,
listen! Ukrainian fields where the grain can be reborn
    with pride.
Listen! martyred ones, hanged ones, listen!
    dead guerrilla fighters,
rigid beneath the frost with hands still
    clutching the gun,
listen! girls, homeless children, listen! sacred ashes

de Pushkin y Tolstoy, de Pedro y Suvorov,
oíd!, en esta altura meridiana el sonido
que en las puertas de Prusia golpea como un trueno.

El Ejército Rojo en las puertas de Prusia. Dónde están
los encolerizados asesinos, los cavadores de tumbas,
dónde están los que del abeto colgaron a las madres,
dónde están los tigres con olor a exterminio?
Están detrás de los muros de su propia casa temblando,
esperando el relámpago del castigo, y cuando todos
        los muros caigan
verán llegar al abeto y a la virgen, al guerrillero y
        al niño,
verán llegar a los muertos y a los vivos para juzgarlos.

Oíd, checoeslovacos, preparad las tenazas
más duras y las horcas, y las cenizas de Lídice
para que sean tragadas por el verdugo mañana,
oíd, impacientes trabajadores de Francia, preparad
        vuestros ríos inmortales
para que naveguen en ellos los invasores ahogados.
Preparad la venganza, españoles, detrás de la sierra
y junto a la costa del Sur ardiente
limpiad la pequeña carabina oxidada porque
ha llegado el día.

Éste es el canto del día que nace y de la noche que termina.
Oídlo bien, y que del sufrimiento endurecido salga la
        voz segura
que no perdone, y que no tiemble el brazo que castigue.
Antes de empezar mañana las cantigas de la piedad humana
tenéis tiempo aún de conocer las tierras empapadas de martirio.
No levantéis mañana la bandera del perdón
sobre los malditos hijos del lobo y hermanos de la serpiente,
sobre los que llegaron hasta el último filo del cuchillo
        y arrasaron la rosa.

of Pushkin and Tolstoy, of Peter and Suvorov,
listen! on this southern height to the sound
that on the gates of Prussia crashes like thunder.

The Red Army at the gates of Prussia. Where are
the angered assassins, the gravediggers,
where are those who hanged mothers from the fir tree,
where are the tigers with a stench of extermination?
They are behind the walls of their own houses trembling,
waiting for the lightningstroke of punishment, and when all
    the walls fall
they will see the fir tree and the virgin come, the guerrilla
    fighter and the child,
they will see the dead and the living come to judge them.

Listen, Czechoslovaks, prepare the toughest
tongs and the gallows, and the ashes of Lidice
so that they may be swallowed tomorrow by the hangman,
listen, impatient workers of France, prepare
    your immortal rivers
so that the drowned invaders may navigate them.
Prepare the vengeance, Spaniards, behind the mountain range
and close to the coast of the burning south
clean the little rusted carbine because
the day has come.

This is the song of the dawning day and of the ending night.
Listen to it, and from harsh suffering let the confident
    voice emerge
that does not forgive, and let the punishing arm not tremble.
Before beginning tomorrow the canticles of human pity
you still have time to know the lands soaked in martyrdom.
Do not raise tomorrow the flag of pardon
over the cursed sons of the wolf and brothers of the serpent,
over those who reached the last edge of the knife
    and demolished the rose.

Éste es el canto de la primavera escondida
bajo las tierras de Rusia, bajo las extensiones
de la taiga y la nieve, ésta es la palabra
que sube hasta la garganta desde la raíz enterrada.
Desde la raíz cubierta por tanta angustia, desde el
    tallo quebrado
por el invierno más amargo de la tierra, por el invierno
de la sangre en la tierra.

Pero las cosas pasan, y desde el fondo
de la tierra la nueva primavera camina.
Mirad los cañones que florecen en la boca de Prusia.
Mirad las ametralladoras y los tanques que
desembarcan en esta hora en Marsella.
Escuchad el corazón áspero de Yugoeslavia
palpitando otra vez en el pecho desangrado de Europa.
Los ojos españoles miran hacia acá, hacia México
    y Chile,
porque esperan el regreso de sus hermanos errantes.

Algo pasa en el mundo, como un soplo que antes
no sentíamos entre las olas de la pólvora.

Éste es el canto de lo que pasa y de lo que será.
Éste es el canto de la lluvia que cayó sobre el campo
como una inmensa lágrima de sangre y plomo.
Hoy que el Ejército Rojo golpea las puertas de Prusia
he querido cantar para vosotros, para toda la tierra,
este canto de palabras oscuras,
para que seamos dignos de la luz que llega.

This is the song of the spring hidden
beneath the earth of Russia, beneath the expanse
of the *taiga* and the snow, this is the word
that mounts to the throat from the buried root.
From the root covered by so much anguish, from the
        stalk broken
by the bitterest winter on earth, by the winter
of blood upon the earth.

But things change, and from the depths
of the earth the new spring steps out.
Look at the cannons that flourish in the Prussian mouth.
Look at the machine guns and the tanks that
are landing at this hour in Marseilles.
Listen to the stern heart of Yugoslavia
throbbing again in the blood-drained breast of Europe.
Spanish eyes are looking toward here, toward Mexico
        and Chile,
because they wait for the return of their wandering brothers.

Something is happening in the world, like a breath that before
we did not sense among the waves of gunpowder.

This is the song of what is happening and of what will be.
This is the song of the rain that fell upon the field
like an immense tear of blood and lead.
Today when the Red Army beats on the gates of Prussia
I have chosen to sing for you, for all the earth,
this song of dark words,
so that we may be worthy of the coming light.

Translator's Note (1973)

The prospective reader may wonder at the publication in 1973 of a translation of three volumes of poetry written by a Chilean poet and diplomat between 1925 and 1945. One justification for the undertaking is that no English edition of the whole work is presently available; indeed, this is the first complete English translation ever to have been published.

And Pablo Neruda should be better known to English readers. His poetry, and particularly, *Residencia en la tierra*, helped shape a whole generation of Spanish-American writers and had a perceptible influence on twentieth-century Spanish poetry. Neruda has been one of the most prolific and most imaginative poets writing in Spanish. When in this century Sartre rejected the offer of the Nobel Prize for Literature in 1964, one of the reasons he gave was that it should have gone to Neruda. That oversight was belatedly rectified when the prize was awarded to Neruda on October 22, 1971.

Pablo Neruda is the pen name of Neftalí Ricardo Reyes Basoalto. He was born in Parral, Chile, in 1904, moved to Santiago in 1921, and lived there until 1927. He published his first volume of poems, *La canción de la fiesta* ("The Song of the Festival"), in 1921. It won him a municipal poetry prize, the first of many honors in his long poetic career. Like his compatriot Gabriela Mistral, who was awarded the Nobel Prize for Literature in 1945, Neruda was given a series of consular and diplomatic assignments in Ceylon, Burma, Singapore, Rangoon, and Buenos Aires. He was consul general to the Spanish Republic from 1934 to 1936. Recalled to Chile when the Republic fell, he was soon sent to France to help the Spanish refugees get to America. From 1940 to 1943 he served as Chilean consul general in Mexico.

Neruda returned to Chile in 1943, became active in politics, was elected senator in 1945, and joined the Communist party. When it was outlawed in 1949, Neruda became a political exile in Mexico and other countries. He returned to Chile in 1953 to devote himself to writing. In 1971 he was named Chilean ambassador to France, a post he relinquished two years later because of ill health. He died in Santiago on September 23, 1973.

Along with most poets writing in Spanish America in the

1920's, Neruda was influenced by Modernism, but he very early freed himself from this influence with *Veinte poemas de amor y una canción desesperada* (*Twenty Love Poems and a Song of Despair*, 1924), which made him the outstanding young poet of Spanish America. He created his own style, not precisely a poetic school, but a new tendency in poetry. Neruda's work is virile, romantic, original, exciting, and earthy. He sees people and things directly and clearly, and he delights in them. He is technically expert and deeply human. His imagery is striking, some of it surrealistic, but his language is very simple. In an "Ode to Ironing" in *Plenos poderes* (*Fully Empowered*, 1962) he wrote:

> La poesía es blanca:
> sale del agua envuelta en gotas,
> se arruga, y se amontona,
> hay que extender la piel de este planeta,
> hay que planchar el mar de su blancura
> y van y van las manos,
> se alisan las sagradas superficies
> y así se hacen las cosas:
> las manos hacen cada día el mundo,
> se une el fuego al acero,
> llegan el lino, el lienzo y el tocuyo
> del combate de las lavanderías
> y nace de la luz una paloma:
> la castidad regresa de la espuma.

> Poetry is white:
> it comes from the water wrapped in drops,
> it wrinkles, and it piles up,
> the skin of this planet must be stretched,
> the sea of its whiteness must be ironed
> and the hands go and go,
> the sacred surfaces are smoothed
> and that's the way things are made:
> hands make the world each day,
> fire joins steel,
> linen, canvas, and cotton arrive
> from the laundry combat

and from the light is born a dove:
chastity returns from the foam.

The three volumes of *Residencia en la tierra* were published in 1933, 1935, and 1947. Many of the poems in the first two were written when Neruda was on consular duty in the Far East, and his sense of alienation and isolation is evident in the hermetic and surrealistic images in some of the pieces. *Residencia*, which many critics consider the poet's most important work, was written at the height of his creative powers. Commenting on this work, his most perceptive critic, Amado Alonso, said: "Instead of the traditional procedure, which describes a reality and suggests its poetic sense between the lines, poets like Neruda describe the poetic sense and nebulously suggest to which reality it refers."

The third volume, *Tercera residencia*, published twelve years after the second, shows a poet deeply affected by the Spanish Civil War and the murder of his fellow poet Federico García Lorca. Neruda writes with a deep sense of involvement in social justice and in political decency. *España en el corazón*, which was brought out separately in 1937 and is now part of this volume, is the noblest poem to come out of that war.

The translator's double responsibility is to find out what the author has said in his language, and then to say this in the translator's own language with as much fidelity to the author's words and intent as is permitted by the differences between the two languages. He must, in short, make the language curtain as transparent as possible, letting the author speak for himself in a new tongue. It is a modest but demanding task. I hope that I have performed it acceptably.*

Madison, Connecticut / 1973   D.D.W.

*Eighteen of the poems in *Residencia en la tierra* were published in 1961 by Grove Press in a bilingual edition with English translations by Ben Belitt. The poems are: "Caballo de los sueños," "Sabor," "Fantasma," "Colección nocturna," "Arte poética," "Comunicaciones desmentidas," "Entierro en el este," "Caballero solo," "Ritual de mis piernas," "Significa sombras," "Walking Around," "Oda con un lamento," "Apogeo del apio," "Alberto Rojas Jiménez viene volando," "No hay olvido (Sonata)," "Las furias y las penas," "Explico algunas cosas," "Cómo era España." "Ode to Ironing" was originally translated by Alastair Reid and published by Grove Press in *A New Decade (Poems 1958-1967)*. Permission to publish these poems with new translations is hereby gratefully acknowledged.

INDEX OF TITLES

(Spanish titles in italics)

New Directions Paperbooks—A Partial Listing

For a complete listing request free catalog from New Directions, 80 Eighth Avenue,
New York 10011; or visit our website, www.ndpublishing.com

†Bilingual

For a complete listing request free catalog from New Directions, 80 Eighth Avenue
New York 10011; or go visit our website, www.ndpublishing.com

†Bilingual